教員養成課程・保育士養成課程のための

うたうソルフェージュ

監 修
木許　隆

編 著

磯部 澄葉　　小見山 純一　　武田 恵美

長井 典子　　松川 亜矢　　松下 伸也

圭文社

はじめに

　ソルフェージュの歴史は古く、17 世紀中頃には、イタリアの音楽家たちが「うたいかた」を研究し、その練習曲として作曲されたものを教則本として出版していました。そして、19 世紀後半には、音楽の基礎教育としてソルフェージュが確立されました。また、フランスやベルギーでは、音楽の専門教育を受ける前段階として扱われるようになりました。

　これらの流れをふまえ、パリ国立高等音楽院 (Conservatoire national supérieur de musique de Paris) で長らく指導された O. ガルテンローブ (Odette Gartenlaub：1922‒2014) 女史は、「基礎教育として行っているソルフェージュと、楽譜を正確に読み取り表現することが、なかなか結びつかない」といっています。これは、基礎（知識）と応用（実践）の関連性をよく考え、横断的な教育を考えるための示唆ではないかと考えます。

　日本で教育されている「ソルフェージュ」の内容は、フランスで行われてきた教育内容を移入したものです。そして、視唱、聴音、楽典、リズム、和声の各分野を分離して教育しています。この方法は、これから音楽の専門教育を受けるかたにとって有効な手段かも知れません。しかし、教員養成課程や保育士養成課程の学生に、この方法が有効であるかを見きわめなければならないと考えました。

　本書を執筆するにあたり、筆者たちは、「子どもにうたい聴かせることができる」という観点に主眼をおき、視唱、楽典、リズム、和声の各分野を横断的に学習できないかと考えました。また、うたうときにおこる「下行音程のぶら下がり」にも着目しました。そこで、ソルフェージュの歴史的な背景を学び、発声や発音の基礎、身体の使いかた、読譜とリズム、音程、うたいかた、和声へと順をおって発展させることができれば、基礎的なソルフェージュの力を習得できるのではないかと考えました。

　本書を用いて、少しでも新しいかたちの「ソルフェージュ」を体感していただければ幸甚です。また、子どもにうたい聴かせることができる教員養成や保育士養成が叶うことを願ってやみません。

2024 年 春

編著者一同

目　　次

第1章　ソルフェージュと音楽教育 8
　1．ソルフェージュ 8
　2．ソルフェージュの歴史 8
　3．ソルフェージュの基礎をつくった音楽教育者 9
　　　（1）P.F. トージ（Pier Francesco Tosi：1653-1732） 9
　　　（2）M. ボルドーニ（Giulio Marco Bordogni：1789-1856） 9
　　　（3）P. コンコーネ（Paolo Giuseppe Gioacchino Concone：1801-1861） 9
　　　（4）H. パノフカ（Heinrich Panofka：1807-1887） 10
　　　（5）M. マルケージ（Mathilde Marchesi：1821-1913） 10
　　　（6）F. ヴュルナー（Franz Wüllner：1832-1902） 10
　4．現代の音楽教育者とその教育 11
　　　（1）E. ダルクローズとリトミック 11
　　　（2）Z. コダーイとコダーイ・メソッド（コダーイ・システム） 11
　　　（3）C. オルフとムジカ・ポエティカ 12
　　　（4）R.M. シェーファーとサウンド・スケープ 12
　5．日本の音楽教育 13
　　　（1）教科教育としての音楽教育 13
　　　（2）専門教育としての音楽教育 14

第2章　声と言葉 16
　1．声帯の発達と言葉の獲得 16
　2．乳幼児期の言葉 17
　3．擬音語 17
　4．子どもの声域の変化 18
　5．変声期（声がわり） 19
　6．さまざまな声を探す 19

第3章　しなやかな身体をつくる 20
　1．身体部位の重さを知る 20
　2．しなやかな身体をつくる実践 20
　　　（1）座って重さを感じる 20
　　　（2）あお向けになって重さを感じる 21
　　　（3）関節を回す 22

　　　３．うたう身体をつくる実践 23

　　　　　（１）オランウータンをまねる 23

　　　　　（２）横隔膜を確認する 24

　　　　　（３）支えを確認する 24

　　　４．身体で表現する実践 25

　　　　　（１）プレゼント 25

　　　　　（２）ひとやすみ 26

　　　　　（３）心をひらく 26

　　　５．響きをつくる実践 27

　　　　　（１）ハミング 27

　　　　　（２）“Ｓ”と“Ｚ” 28

　　　　　（３）リップロール 28

第４章　楽譜を読む 30

　　　１．楽譜の役目 30

　　　２．楽譜の歴史 30

　　　３．三要素を楽譜にする 30

　　　４．楽譜を読む基礎 31

　　　　　（１）拍を感じる 31

　　　　　（２）拍子を感じる 31

　　　　　（３）拍子記号 33

　　　　　（４）音符と休符 34

　　　　　（５）リズムを読む 35

　　　　　（６）音部記号 37

　　　　　（７）音の高さを知る 37

第５章　インターバル（導入編）.. 38

　　　１．絶対音感と相対音感 38

　　　２．固定ド唱法と移動ド唱法 38

　　　３．身体の状態を確認する 38

　　　４．インターバルの実践 39

　　　　　（１）短２度 39

　　　　　（２）長２度 40

　　　　　（３）短３度 40

　　　　　（４）長３度 41

第6章　ハーモニー 42

　1．ハーモニー 42

　2．ハーモニーの実践 42

　　（1）長三和音 42

　　（2）短三和音 43

　　（3）増三和音 43

　　（4）減三和音 43

第7章　インターバル（応用編） 44

　1．単音程と複音程 44

　2．インターバルの実践 44

　　（1）完全4度 44

　　（2）完全5度 44

　　（3）完全8度 45

　3．さまざまなインターバルを感じる実践 45

　　（1）完全4度と完全5度 45

　　（2）長三和音 45

　　（3）短三和音 45

第8章　うたいかたの練習 46

　1．発声の指導 46

　2．発声を確認する 46

　　（1）自然な姿勢をつくる 46

　　（2）自然な呼吸と深い呼吸 46

　　（3）自然な響きをつくる 46

　3．母音と子音の発音 47

　　（1）母音 47

　　（2）子音 47

　4．発声の実践 48

　　（1）ロングトーン 48

　　（2）声の響きを保つ 49

　5．うたいかたの実践 56

　　（1）2/4拍子 56

　　（2）3/4拍子 56

　　（3）4/4拍子 56

　　（4）6/8拍子 56

　6．さまざまな表現方法 57

（1）ヴォカリーズ 57

（2）ア・カペラ 57

（3）ゴスペル 58

（4）スキャット 58

（5）ドゥ・ワップ 58

第9章　総合練習 60

1．ウォーミング・アップ 60

（1）ハーモニーの実践（第6章）を応用して 60

（2）ロングトーン（第8章）を応用して 60

2．コールユーブンゲン6番（a）　F. ヴュルナー（伴奏：平井康三郎） 61

3．コールユーブンゲン9番（a）　F. ヴュルナー（伴奏：平井康三郎） 61

4．コールユーブンゲン17番（c）　F. ヴュルナー（伴奏：平井康三郎） 62

5．コールユーブンゲン19番（a）　F. ヴュルナー（伴奏：平井康三郎） 62

6．コールユーブンゲン26番（d）　F. ヴュルナー（伴奏：平井康三郎） 63

7．コールユーブンゲン28番（b）　F. ヴュルナー（伴奏：平井康三郎） 63

8．コールユーブンゲン33番（a）　F. ヴュルナー（伴奏：平井康三郎） 64

9．コールユーブンゲン37番（a）　F. ヴュルナー（伴奏：平井康三郎） 64

10．コールユーブンゲン31番（a）　F. ヴュルナー（伴奏：平井康三郎） 65

11．コールユーブンゲン39番（e）　F. ヴュルナー（伴奏：平井康三郎） 66

12．コールユーブンゲン41番（a）　F. ヴュルナー（伴奏：平井康三郎） 66

13．コールユーブンゲン43番（d）　F. ヴュルナー（伴奏：平井康三郎） 67

14．50の練習曲1番　G. コンコーネ（木許　隆編） 68

15．24の易しいヴォカリーズ1番　M. ボルドーニ（木許　隆編） 69

16．24の前進的なヴォカリーズ1番　H. パノフカ（木許　隆編） 70

17．24のヴォカリーズ2番　M. マルケージ（木許　隆編） 71

第10章　ソルフェージュに関する音楽用語 72

1．音楽理論 72

2．読譜 72

3．初見視唱と初見視奏 72

4．聴音 72

5．聴音分析 72

6．音程 73

7．転回音程 73

8．全音階的音程と半音階的音程 73

9．和声と即興 73

第1章　ソルフェージュと音楽教育

1．ソルフェージュ

　ソルフェージュ（solfège：仏）は、音階や音名、メロディを階名でうたう「ソルミゼーション（solmisation：仏）」が語源となっています。そして、「音楽の基礎教育」として扱われ、音階や音程、練習用のメロディを母音や階名でうたうことを指しています。また、18世紀のイタリアやフランスで始まった歌唱教育に音楽理論や聴音などを加え、読譜力と表現力を磨くためのものとして発展しました。さらに、それらが発展する中で、母音のみでうたう楽曲「ヴォカリーズ（vocalise：仏）」がつくられました。

　1978年以降、フランスでは、「フォルマシオン・ミュジカル（formation musicale：仏）」という新しいソルフェージュのスタイルが確立されています。これは、従来のソルフェージュにリズム、移調、楽曲分析、音楽史などを加え、音楽の総合的な教養を身につけることを目的としています。

2．ソルフェージュの歴史

　17世紀後半以降、イタリアのナポリ地方では、ソルフェッジョ（solfeggio：伊）といわれる歌唱のための練習曲が数多くつくられました。そして、1772年には、パリ（フランス）でP. ルヴェスク（Pierre-Charles Levesque：1736-1812）らが編纂した『イタリアのソルフェージュ（Solfeges d'Italie）』が出版されました。その中には、G. スカルラッティ（Giuseppe Domenico Scarlatti：1685-1757）らの作品も入っており、教育目的別に分類、配列された教則本となりました。また、その本は、母音歌唱による学習システムをフランスへ移入したことでも有名となりました。その後、ソルフェージュは、「音楽の基礎的学習」として扱われ、独自に発展しました。

　1795年には、フランスの軍楽隊を養成する「国立音楽学院（l'Institut national de musique）」と声楽家を養成する「王立歌唱音楽院（École royale de chant）」が合併し、「パリ国立高等音楽院（Conservatoire national supérieur de musique de Paris）」が設立されました。そして、L. ケルビーニ（Luigi Cherubini：1760-1842）らが編纂した『音楽院のソルフェージュ全8巻（Solfège di Conservatoire, vol.1-8）』が出版され、ソルフェージュ教育のパイオニアとして評価されました。

　1817年にウィーン（オーストリア）、1822年にロンドン（イギリス）、1826年にデン・ハーグ（オランダ）、1833年にブリュッセル（ベルギー）、1846年にミュンヘン（ドイツ）、1850年にベルリン、ケルン、ドレスデン（全てドイツ）、1862年にサンクト・ペテルブルグ（ロシア）の順で、国立の音楽学校が設立されました。そして、歌唱に特化したソルフェージュから、聴音や楽典、リズム、和声を含むソルフェージュへと発展しました。しかし、楽譜から音楽の様式や構造などを読み取り、作曲家の意図を汲み取ったうえで再現することは、演奏家にとって大きな課題となっていました。そこで演奏家は、読譜の技術を高め、器楽教育と融合させることが、ソルフェージュの大きな改革につながるのではないかと考えました。

　1978年にフランスのソルフェージュは、「フォルマシオン・ミュジカル」と改称しました。そして、総合的な音楽を形成する基礎科目として位置づけられました。これは、それまでのソルフェージュを否定するものではなく、「知識」と「表現」の間を埋めることを目的としています。また、ソルフェー

ジュの中で音楽作品を取り上げ、学習者がその音楽を深く理解し表現することを目指しました。さらに、音楽の様式や音楽史の内容も積極的に取り入れられました。

3. ソルフェージュの基礎をつくった音楽教育者

（1）P.F. トージ (Pier Francesco Tosi：1653–1732)

P.F. トージは、イタリアの声楽家・教育者です。彼は、「うたう前に呼吸法を習得することが大切である」と提唱しました。また、声をのばす中で、弱い声からだんだん強い声に、その後、だんだん弱い声にする歌唱法「メッサ・ディ・ヴォーチェ (messa di voce：伊)」を取り入れ、なめらかにうたう歌唱法や装飾音を用いた歌唱法、即興演奏などを推奨しました。

> **ちょっといい耳** P.F. トージの言葉
>
> P.F. トージは、『新旧の歌手に関する意見 (Opinioni de' cantori, antichi e moderni, 1757)』の中で、「若い音楽家は、音階を階名でうたうことが必要である」と力説しています。

（2）M. ボルドーニ (Giulio Marco Bordogni：1789–1856)

M. ボルドーニは、イタリアの声楽家・教育者です。彼は、友人の G. ロッシーニ (Gioachino Antonio Rossini：1792–1868) が作曲したオペラに出演し、活躍の場をパリへ移します。その後、ニューヨークへ移り、世界中で有名な歌手となりました。また、『43 Bel Canto Studies』は、声楽 (主として男声)、チューバなど低音楽器の教則本としても知られています。

> **人物紹介** G. ロッシーニ
>
> G. ロッシーニは、イタリアの作曲家です。彼は、生涯に 38 作ものオペラを作曲しました。また、美食家としても有名で、作曲活動のかたわら、料理の創作にも力を注いだという記録が残っています。特に、フランス料理の「ロッシーニ風」という名前は、彼の名前をつけたものです。

（3）P. コンコーネ (Paolo Giuseppe Gioacchino Concone：1801–1861)

P. コンコーネは、イタリアの作曲家・オルガニスト・教育者です。彼は、1837–1848 年にかけてパリ国立高等音楽院で声楽を教えました。そして、ヴォカリーズの教則本を数多く出版し、有名となりました。また、それらの教則本は、現在も世界中で声楽の基礎教材として用いられています。

> **ちょっといい耳** P. コンコーネがつくった教材
>
> P. コンコーネがつくった教材は、多くの人に使ってほしいという思いから、声域によって「高声用」、「中声用」、「低声用」に分かれています。また、コロラトゥーラの技術習得に特化した『15の練習曲集 Op.12』や、低声域のための『40 の練習曲集 Op.17』も出版されています。

（4）H. パノフカ (Heinrich Panofka：1807–1887)

　H. パノフカは、ポーランドの作曲家・声楽家・ヴァイオリニストです。彼は、ヴァイオリニストとして活躍していましたが、20 歳代から声楽にも興味を持ち始めました。1842 年には、M. ボルドーニとともにパリで声学院 (Académie de Chantdes Amateurs) を設立し、『The Art of Singing - 24 Vocalises, Op.81』や『24 Progressive Vocalises, Op.85』を出版しました。

ちょっといい耳　H. パノフカの師匠

　H. パノフカに声楽を教えたのは、当時、パリで活躍していた M. ボルドーニでした。M. ボルドーニは、H. パノフカのヴァイオリニストや作曲家としての活躍も知っていました。

（5）M. マルケージ (Mathilde Marchesi：1821–1913)

　M. マルケージは、ドイツの声楽家・作曲家です。彼女は、著書『The art of singing Op.21』の中で、うたう姿勢、口の開けかた、呼吸法、うたい出しの練習、女声の三つの声域など、さまざまな練習方法について解説しています。また、日本では、『mathilde marchesi Op.21（岡田龍三、全音楽譜出版社）』という名称で翻訳され、声楽の基礎教材として広く用いられています。

ちょっといい耳　夫妻そろって歌手

　M. マルケージは、1852 年にイタリアのバリトン歌手 S. マルケージ (Salvatore Marchesi：1822–1908) と結婚しました。そして、夫妻そろって、ヨーロッパ各地のオペラに出演しました。

（6）F. ヴュルナー (Franz Wüllner：1832–1902)

　F. ヴュルナーは、ドイツの作曲家・指揮者です。彼は、1856 年からミュンヘン音楽学校で教鞭をとりました。1876 年には、『ミュンヘン音楽学校の合唱曲練習書 (Chorübungen der Münchener Musikschule)』を出版しました。これは、もともと合唱用の教則本としてつくられましたが、日本では、ソルフェージュや声楽を学ぶ初学者の教材として用いられています。

ちょっといい耳　コールユーブンゲン

　コールユーブンゲン (Chorübungen：独) は、もともと「合唱練習のための教材」を意味しています。最初に取り入れられたミュンヘン音楽学校では、音楽の教養を深めるために合唱を取り入れています。そして、鍵盤楽器など、楽器に頼ることなく、一人ひとりが正しい音程でうたうことができるようになることを目指しています。

ちょっといい耳　コールユーブンゲンを日本語に

　コールユーブンゲンを翻訳したのは、信時　潔 (1887–1965) です。彼は、牧師の家に生まれ、幼い頃から讃美歌や楽器に親しみました。そして、東京音楽学校 (現：東京藝術大学音楽学部) でチェロと作曲を学びました。また、1920 年から文部省在外研究員として、ヨーロッパへ渡りました。

4．現代の音楽教育者とその教育

（1）E. ダルクローズとリトミック

　E. ダルクローズ（Emile Jaques Dalcroze：1865-1950）は、ウィーン（オーストリア）に生まれ、スイスで育ったヴァイオリニスト・作曲家・教育者です。彼は、20歳のときに当時フランスが支配していたアルジェ（現：アルジェリア民主人民共和国の首都）へ旅行しました。そして、アラビア民族の音楽やリズムにふれ、リトミック（rythmique：仏）を発案したといっています。また、1914年には、ジュネーヴ（スイス）にダルクローズ研究所（Institut Jacques-Dalcroze）を開設し、リトミックの理念と実践理論を構築しました。
　リトミックは、「リズムが音楽の最も重要な要素で、音楽におけるリズムの源泉は、すべての人間の身体の自然なリズムに求めることができる」という考えをもとにつくられました。そして、①声と動きの音感教育、②身体運動をともなうリズム・表現教育、③即興演奏、即興表現による表現教育から成り立っています。また、その指導者には、三つの要素をバランスよく指導することが求められています。さらに、1925年には、ドイツの音楽学校で彼の理論と実践が採用され、世界中に普及することとなりました。

> **ちょっといい耳）　E. ダルクローズの影響**
>
> 　渡辺　茂（1912-2002）は、東京府豊島師範学校（現：東京学芸大学）を卒業後、小学校で教鞭をとりました。そして、E. ダルクローズの影響を受け、うたいながら手拍子（身体的な活動）などを行う楽曲の作曲を目指しました。また、1941年には、NHKからの依頼を受け「たきび（巽 聖歌 詩）」を発表し、1954年には、「ふしぎなポケット（まど・みちお 詩）」を発表しました。

（2）Z. コダーイとコダーイ・メソッド（コダーイ・システム）

　Z. コダーイ（Kodály Zoltán：1882-1967）は、ハンガリーの作曲家・民族音楽学者・言語学者です。彼は、幼少期から父親の影響を受け、音楽に親しみましたが、言語と音楽をともに学びたいと考えるようになりました。また、1905年からハンガリー国内を周り、民謡の収集を始めました。そして、哲学や言語の分野と音楽を融合させ、民族音楽学の分野を切り拓きました。
　コダーイ・メソッドは、実際に音楽教育の手法を指すものではありません。Z. コダーイは、1906年に論文「ハンガリー民謡の詩節構造（A Magyar népdal strófaszerkezete）」を発表した後、C. ドビュッシー（Claude Achille Debussy：1862-1918）の音楽にふれ、B. バルトーク（Bartók Béla Viktor János：1881-1945）に出会います。そして、音楽教育の問題に興味を持ち、ハンガリーに伝わる民謡やわらべうたを用いた教育方法を発表しました。また、その考えはヨーロッパ中に広がり、音楽教育を理解するための原理・理論となりました。

> **人物紹介）　C. ドビュッシー**
>
> 　C. ドビュッシーは、フランスの作曲家です。彼は、自由な音階や和声を用いて作曲し、19世紀後半以降の音楽界に最も影響を与えた音楽家といわれています。また、11歳でパリ音楽院に入学し、その伝統を破壊しかねない言動が多かったため、先生や先輩からよく注意を受けていたという記録も残っています。

（3）C. オルフとムジカ・ポエティカ

　C. オルフ（Carl Orff：1895-1982）は、ドイツの作曲家・教育者です。彼は、自らの音楽劇を「世界劇（Weltheate, Theatrum Mundi：独）」と呼び、「R. シュトラウス（Richard Georg Strauss：1864-1949）の作風に影響を受けた」といっています。その後、E. ダルクローズが提唱したリトミックの理論や、P. ヒンデミット（Paul Hindemith：1895-1963）が提唱した実用音楽の理論を研究し、教育用の作品を数多く残しています。

　ムジカ・ポエティカ（Musica Poetica：羅）は、C. オルフの作品群を指しています。また、彼は、1930年頃から子どもの教育用の音楽「シュルヴェルク（Schulwerk：独）」をつくりました。それは、歌や楽器を用いて、音楽の楽しさを体験することを重視したもので、世界中の音楽教育者に受け入れられ普及しました。また、「子どもの音楽的な発達は、リズム、動作、音色、メロディー、ハーモニーが同時進行して総合的に進むものである」と提唱しました。

（4）R.M. シェーファーとサウンド・スケープ

　R.M. シェーファー（Raymond Murray Schafer：1933-2021）は、カナダの作曲家・教育者です。彼の作品は、しばしば電子楽器と管弦楽を融合させてつくられました。そして、公演時間が2時間を超える作品もあります。また、日本では、管弦楽作品はもちろん、合唱作品も多く紹介されています。

　サウンド・スケープ（sound-scape：英）は、「風景には音が欠かせないものである」という考えのもと、音を風景と捉え、生活環境の中で音がどのように関わっているかを考えようとしたものです。また、R.M. シェーファーは、世界中で音環境の調査を行い、その地域で最も重要となる音を「サウンド・マーク（sound mark：英）」と名づけました。さらに、教会の鐘の音がどこまで聴こえるかを調査し、音の広がりがその町の構造によって決定されていることなどを発見しています。

5．日本の音楽教育

　日本の音楽教育は、小学校、中学校、高等学校で教科教育の一環として行われる音楽教育と、音楽の専門教育を行い音楽家や教員などを養成する音楽教育の二つに分かれます。

（1）教科教育としての音楽教育

　明治政府は、1872年に大政官布告として「学制」を発布しました。しかし、「音楽分野の唱歌と奏楽は、当分の間、実施しない」と発表しました。そして、1875–1878年まで、伊澤修二（1851–1917）、高嶺秀夫（1854–1910）、神津専三郎（1852–1897）をアメリカへ派遣し、音楽教育の調査研究を行いました。3人が帰国すると、1879年には、文部省管轄の「音楽取調掛」を開設し、西洋音楽と日本音楽を含む東洋音楽を総合的に教育する音楽教育の基礎をつくりました。

　1880年には、東京師範学校附属小学校（現：筑波大学附属小学校）で、ボストン（アメリカ）から招聘したL.W.メーソン（Luther Whiting Mason：1818–1896）が唱歌教育を始めました。そして、1886年に整備された「小学校令」によって、新しい唱歌教材の開発が求められ、多くの唱歌集が出版されました。しかし、日清戦争（1894–1895）が始まり、軍歌を唱歌教材として用いることになりました。1900年になると、それまでの文語歌詞が見直され、口語歌詞による唱歌がつくられました。また、1907年には、「小学校令」が改正され、義務教育期間が6年となり、小学校の「唱歌」が必修科目となりました。

　1912–1941年までは、欧米の自由主義教育や芸術教育の影響を受けて、童謡運動の推進、発声法の研究、鑑賞教育の推進、音楽教育書の発行などが行われました。その後、第二次世界大戦が終わるまで、唱歌に器楽や鑑賞の分野を加え、軍国主義的な音楽教育が行われました。

　第二次世界大戦を終え、1947年には、「小学校学習指導要領（試案）」が告示されました。音楽科は、四つの領域（歌唱・器楽・鑑賞・創作）を西洋音楽の観点から体系的に学ぶこととなりました。そして、1951年に改訂された小学校学習指導要領では、それまでの音楽教育に加え、音楽と社会生活とのつながりを強調し、五つの領域（歌唱・器楽・鑑賞・創造的表現・リズム反応）を学ぶこととなりました。

　1958年に改訂された小学校学習指導要領では、音楽教育と人間形成との関連が求められました。そして、表現（歌唱・器楽・創作）と鑑賞を学ぶことになり、表現（歌唱）と鑑賞の分野に学年ごとの「共通教材」を設定しました。また、音楽教育は人間教育の中でも「情操の教育」を担う科目として位置づけられました。

　1998年に改訂された中学校学習指導要領では、初めて和楽器を指導することとなりました。そして、2006年に改正された「教育基本法」では、教育目標に「日本の伝統と文化を尊重する態度を養う」と規定されました。明治時代以降の音楽教育は、小学校、中学校ともに西洋音楽を基盤として行われましたが、これからは、日本の伝統や文化を理解することが必要であるとされました。

　2007年に改正された「学校教育法」では、学ぶ意欲や知識・技能を含め、思考力・判断力・表現力など、学校教育で育成する学力の内容が規定されました。また、2008年に改訂された小学校学習指導要領、中学校学習指導要領では、表現と鑑賞の能力を共通化する「共通事項」が設定されました。そして、その内容は、音楽を形づくっている音色・リズム・旋律などを知覚し、それらの働きをふまえた音楽の特質や雰囲気を感受する力を育成することが、感性的思考力を育むことへつながるとされました。

　学制 (明治5年8月2日太政官第214号)

　　学制は、政府が定めた学校制度や教員養成に係る基本的な規定です。そして、すべての国民が初等教育を受けることを定めました。また、1872年9月には、「小学教則」を定め、小学校の教育内容を提示しました。政府は、学制の発布から数年間で 20,000 校以上の小学校を整備し、寺子屋などで行われてきた個別教育を、等級別の一斉教育へ変化させました。

　伊澤修二

　　伊澤修二は、信濃国 (長野県) 出身の官僚・教育者です。彼は、文部省、工部省 (現:NTT) を経て、1874年に愛知師範学校 (現:愛知教育大学) の校長となりました。その後、政府から師範学校の調査研究を命じられ、アメリカへ渡りました。帰国後、東京音楽学校 (現:東京藝術大学音楽学部)、東京盲唖学校 (現:筑波大学附属視覚特別支援学校) の設立に尽力し、初代校長となりました。

（2）専門教育としての音楽教育

　　明治政府は、1872年に「学制」を発布し、官立の東京師範学校を設立しました。しかし、そこでは、音楽教育を行うことができませんでした。その後、1879年に「音楽取調掛」を開設し、音楽教育の中でも唱歌や器楽の指導法を研究しました。そして、1880-1882年まで、L.W. メーソンを招聘し、日本へ西洋音楽の移入を行いました。また、1883-1886年まで、海軍軍楽隊の指導者としてプロセインから招聘していた F. エッケルト (Franz Eckert:1852-1916) が、L.W. メーソンの後任として音楽教員の養成を行いました。

　　1887年に音楽取調掛は、東京音楽学校に改組され、文部省直轄で日本初の音楽専門教育機関として独立しました。そして、国文学者の大和田建樹 (1857-1910) 編『明治唱歌 (1888)』、伊澤修二編『小学唱歌 (1893)』、田村虎蔵 (1873-1943) 編『幼年唱歌 (1900)』、瀧廉太郎 (1879-1903) 編『幼稚園唱歌 (1901)』などが発行され、唱歌教授法の研究が飛躍的に進みました。

　　1907年には、東京高等師範学校の教員であった鈴木米次郎 (1868-1940) が、日本初の私立音楽学校となる東洋音楽学校 (現:東京音楽大学) を設立し、管弦楽を組織して注目されました。また、彼は、点字で箏曲の記譜法を考案しました。1915年には、大阪府立清水谷高等女学校の教員であった永井幸次 (1874-1965) が大阪音楽学校 (現:大阪音楽大学) を、1926年には、声楽家の武岡鶴代 (1895-1966) らが東京高等音楽院 (現:国立音楽大学) を、1929年には、長野師範学校の教員であった福井直秋 (1877-1963) が武蔵野音楽学校 (現:武蔵野音楽大学) をそれぞれ設立しました。

　　1947年に「学校教育法」が制定され、師範学校や音楽学校は、大学として再編されることになりました。そして、教員養成大学、教育学部音楽科、芸術大学、音楽大学などと名称を変更し現在まで続いています。また、各大学では、大学院研究科が設置され、より高度な音楽の技術的な研究や理論的な研究、音楽教育の研究が行われています。

　L.W. メーソン

　　L.W. メーソンは、アメリカの教育者です。彼は、1880年に明治政府の要請を受けて来日しました。そして、2年間、文部省音楽取調掛で音楽教員養成、教育課程の開発を行いました。また、小学校などで西洋音楽の指導を行い、ピアノ初学者に用いられる F. バイエル (Ferdinand Beyer:1806-1863) の『ピアノ奏法入門書 (Vorschule im Klavierspiel, Op.101)』を日本に紹介しました。

人物紹介　F. エッケルト

　F. エッケルトは、プロイセン出身の音楽家です。彼は、ドレスデン（現：ドイツ）の音楽学校を卒業後、海軍軍楽隊にオーボエ奏者として入隊しました。1879年に日本へ招聘され、それまでイギリス式であった軍楽隊をドイツ式に移行したり、西洋音楽の教育を行ったりしました。また、国歌「君が代」に伴奏と和声をつけました。

ちょっといい耳　日本初のプロオーケストラ

　作曲家の山田耕筰（1886-1965）は、1910年に「東京フィルハーモニー会」を設立し、日本初のオーケストラをつくりました。そして、実業家の岩崎小弥太（1879-1945）が金銭的な援助を行いました。しかし、山田と岩崎の確執からその会は解散します。山田と指揮者の近衛秀麿（1898-1973）は、1924年に「日本交響楽協会」を設立します。しかし、翌年、オーケストラは分裂し、近衛派の楽員44名で「新交響楽団（NHK交響楽団の前身）」が結成されました。

ちょっといい耳　自由七科

　中世のヨーロッパでは、自由七科を中等・高等教育の基礎的な教科としていました。そして、その科目群を「リベラル・アーツ（liberal arts：英）」といい、さまざまな専門性の基礎教育としました。言語に関する三科には、文法（grammatica）、修辞学（rhetorica）、論理学（logica）または弁証法（dialectica）を指定し、数に関連した四科には、算術（arithmetica）、幾何（geometrica）、音楽（musica）、天文学（astronomia）を指定しました。

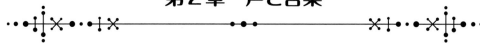

第2章　声と言葉

1．声帯の発達と言葉の獲得

　子どもは、430-450Hz 程度の「a¹（ラ）音」の産声をあげて生まれてきます。これは、ドイツの医師 H. グッツマン（Hermann Gutzmann：1865-1922）やポーランドの医師 E. フラタウ（Edward Flatau：1868-1932）の研究で明らかにされています。

産声の高さ

　子どもは、生後 1 ヶ月くらいになると、声帯の使いかたを学びながら、「a」や「u」など、母音をのばして声を出すようになります。これを「クーイング」といいます。

　生後 3 ヶ月を過ぎると、口蓋や声帯、横隔膜の使いかたを学びながら、複数の音節を含む音を発するようになります。これを「喃語」といいます。

　生後 5 ヶ月を過ぎると子音を含む喃語を学び、生後 8 ヶ月を過ぎるとより明瞭な発音ができるようになります。

　また、子どもは、3 歳頃になると上手に話すようになります。しかし、語彙が豊富でないため、言葉で表現することが難しかったり、相手に伝えることができなかったりします。さらに、うたうことは、身体が発達する過程で言葉の獲得や習得に大きな影響を与えると考えられています。

Work　産声の高さを感じる

① 赤ちゃんの産声をイメージした声を出しましょう。そして、ピアノで「a¹（ラ）音」を鳴らし、声とピアノとの音程の違いを感じましょう。

② ピアノで「a¹（ラ）音」を鳴らしましょう。そして、音を聴きながら、赤ちゃんの産声をイメージした声を出しましょう。

　このとき、うたう声にならないように注意しましょう。また、①と②の声にどのような違いがあるか確認しましょう。

（人物紹介）　H. グッツマン

　H. グッツマンは、聾唖学校の教員であった父の影響を受け、医学の道に進みます。そして、吃音について研究し、1891 年には、言語障害者のための診療所、1896 年には、言語障害者のための療養所をそれぞれ設立しました。また、第一次世界大戦中、彼の療養所は、心に傷を負った戦傷者の治療や運動療養、心理治療を行う特別病院として扱われました。

（人物紹介）　E. フラタウ

　E. フラタウは、ポーランドの医師です。彼は、モスクワ大学医学部に在学中、精神科や神経科に興味を持ち、その研究に没頭しました。その後、ベルリンで研鑽を積み、医学雑誌『Neurologia Polska』や『Warszawskie Czasopismo Lekarskie』を創刊しました。また、「フラタウの法則」を提唱し、それまで発展途上であるといわれていた神経学の分野に大きな影響を与えました。

2．乳幼児期の言葉

　乳幼児期の子どもと会話するには、多くの場合、発音しやすく本来の言葉を単純化した「幼児語」や「育児語」を用います。そして、それらに文法は見あたらず、同じ音（言葉）を反復したり、省略したりしながら用いられます。また、子どもが言葉を獲得し、学習していく段階で用いるため、子どもの幼さや可愛らしさを強調するものとして扱われます。

Work　大人の言葉と乳幼児期の言葉

　二人一組になり、一方が大人の言葉を挙げましょう。そして、もう一方がその言葉の幼児語（育児語）を答えましょう。このとき、二人のイメージが同じようなものになったか確認しましょう。

幼児語（育児語）の例

○ 動物　・犬：ワンワン　・魚：トト　・猫：ニャーニャー　・鳩：ポッポ　・豚：ブーブー　・山羊：メーメー
○ 物や身体の部位　・ご飯：マンマ　・車：ブーブー　・靴：クック　・目：オメメ　・頬：ホッペ
○ 動詞　・片付ける：ナイナイ　・捨てる：ポイ　・打つ：トントン　・飲む：ゴックン　・寝る：ネンネ　など

3．擬音語

　擬音語は、物の様子や物が発する音を模倣（擬声）したり、状態や感情などを表現（擬態）したりする言葉です。そして、その言葉は、表現する人によってさまざまです。日本語で擬音語は、擬声語や擬態語と区別される場合があります。しかし、それらの総称として「オノマトペ（onomatopoeia：英、onomatopée：仏）」といわれることが多くなりました。また、擬音語が幼児語（育児語）に変化している場合も少なくありません。

Work　擬音語でイメージをふくらませる

　二人一組になり、一方が擬音語を挙げましょう。そして、もう一方がその言葉の状態や状況を答えましょう。このとき、二人のイメージが同じようなものになったか確認しましょう。

擬音語の例

・心臓の鼓動：ドキドキ　・ガラスが割れる：ガチャン　・電子レンジ：チン　・爆発する：ドカン　・押す：ピッ
・熱いものにふれる：ジュー　・破れる：ビリビリ　・燃える：パチパチ、ボーボー　・輝く：キラキラ、ピカピカ
・見る：ジロジロ　・滑る：ツルツル　・散らばる：バラバラ
・雨の音：シトシト、ザーザー　・風の音：ソヨソヨ、ヒューヒュー　・感情：キュン、ジーン、ゾッ

....

ちょっといい耳　擬音楽器

　擬音楽器は、打楽器と管楽器に分けられます。打楽器には、オーシャン・ドラム（波の音）、ウインド・マシーン（風の音）、レイン・スティック（雨の音）などがあります。また、管楽器には、バード・ホイッスル（鳥や虫の鳴き声）、サイレン・ホイッスル（警報）などがあります。

....

4．子どもの声域の変化

　子どもの声域は、子どもの発達と成長の中で大きく変化します。発達の観点から見ると、まず、乳児期には、環境の変化に対応しながら、心身の発達とともに生活のリズムを形成していくと考えられます。そして、幼児期には、環境との関わりを深め、興味・関心の対象を広げ、基本的な生活習慣を身につけていきます。また、児童期へ向けて、他者の存在や視点に気づき、自分自身を表現しながら、協同的な学びを体験します。さらに、コミュニケーションの観点から見ると、言葉を獲得した上でそれらを用い、広く道徳性や社会性を育んでいくと考えられます。

子どもの声域の変化

男

0歳　　1-2歳頃　2-3歳頃　4-5歳頃　6歳頃　　7歳頃　　8歳頃　　9歳頃　　10歳頃　　11歳頃　　12歳頃

女

（ちょっといい耳）　声域

　声域は、人の声の音域を指しています。そして、「生理的な声域」と「声楽的な声域」に分けられます。生理的な声域は、言葉を聴き取ることができないような発声を含むため、声楽的な声域より広いとされています。声域は、身体の成長とともに声帯が成長することや、言葉を発する機会が多くなることによって、低音に向けて広がります。また、男性は、第二次成長期に声帯の形が大きく変化し、声域が低くなります。

5．変声期（声がわり）

　子どもが成長していく中で、変声期をむかえます。これは、男性、女性ともに経験することです。変声期は、甲状軟骨と声帯の成長がバランスを崩して起こります。男性は、10mm 前後であった声帯が、20mm 前後になり、声域が１オクターヴほど低くなります。また、女性は、10mm 前後であった声帯が、12-16mm ほどになり、声域が広がるとともに安定した声質となります。変声期は、２ヶ月から１年くらいで終了しますが、その期間に声帯への負担をかけないよう注意したいものです。

変声期前後の声域

男性　　変声期前　変声期後　　　女性　　変声期前　変声期後

> **ちょっといい耳　声種**
>
> 　声種は、声の音色や質を指しています。また、声楽の分野で音域を示す用語として用いられる場合もあります。この場合、女声は、高音域からソプラノ、メゾ・ソプラノ、アルトと区別されます。また、男声は、高音域からテノール、バリトン、バスと区別されます。

6．さまざまな声を探す

　声には、さまざまな種類の声、さまざまな印象を与える声があります。そして、その声は、一人ひとり違ったものです。さまざまな種類の声には、高さ、強さ、太さなど、聴覚で感じ取ることのできる声があります。そして、言葉の発音や抑揚によって、さまざまな印象を与える声へ変化します。さまざまな印象を与える声は、人の感情や表情、その場の雰囲気によって、喜怒哀楽や愛憎を表現する声になります。

Work　声から気持ちを汲み取る

　二人一組になり、一方が声を出しましょう。そして、もう一方がどのような思いをもって発した声であるか答えましょう。このとき、二人のイメージが同じようなものになったか確認しましょう。

> **ちょっといい耳　感情の種類**
>
> 　人の感情は、一般的に「喜・怒・哀・楽・愛・憎」の６種に分類します。中国では、人の感情を「喜・怒・哀・楽・怨」の５種に分類します。また、中国の医学では、「喜・怒・憂・思・悲・恐・驚」の７種に分類します。

第3章　しなやかな身体をつくる

１．身体部位の重さを知る

　普段、生活する中で、身長や体重などを計測することがあります。しかし、身体部位の重さを計測することは、ほぼありません。現代になり、医学や人間工学などさまざまな研究分野で、身体部位の重さが計測され、私たちの生活をより便利なものへ導いています。

身体部位の重さ

身体の部位	体重に対する比率	身体の部位	体重に対する比率	身体の部位	体重に対する比率
頭	8%	上腕	8%（左右4%ずつ）	大腿（太もも）	14%（左右7%ずつ）
胴	46%	前腕	6%（左右3%ずつ）	下腿（ふくらはぎ）	12%（左右6%ずつ）
		手	2%（左右1%ずつ）	足	4%（左右2%ずつ）

２．しなやかな身体をつくる実践

　ここでは、しなやかな身体をつくると同時に、身体をリラックスした状態にします。さまざまな実践をとおして脱力することを覚えましょう。

（１）座って重さを感じる

　二人一組になり、互いに腕の重さを感じましょう。

①Aは椅子に座り、腕を下に垂らします。　　②Bは椅子の横に立ち、Aの腕を持ち上げます。

※腕の力を十分に抜きましょう。　　　　　※持ち上げた腕を、上で放してみましょう。

チェックポイント

- ●AがBに腕を持ち上げられているとき、腕を自ら持ち上げようとしていませんか。
- ●BがAの腕を放したとき、Aの腕はどのようになりましたか。

（2）あお向けになって重さを感じる

　二人一組になり、互いに脚の重さを感じましょう。

①Aはあお向けになります。

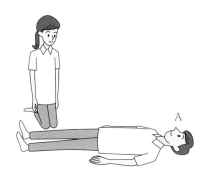

②BはAの脚を持ち上げたり揺らしたりします。

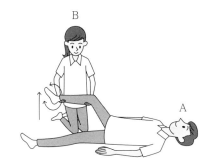

※AはBに身体を委ねましょう。

Variation

●あお向けになっているときの腕の重さや、頭の重さを感じましょう。

ちょっといい耳　「しなやか」の意味

　「しなやか」を漢字で書くと「撓やか」になります。この漢字には、「たわむ」という意味があり、「弾力があって柔軟なさま」や「身のこなしが上品で優美なさま」という意味があります。

（3）関節を回す

　頭（首）、肩、腰、膝、手首、足首の順に、ゆっくり関節を回しましょう。

① 頭（首）

※ 頭を上から吊るしているイメージを
　持ちましょう。

② 肩

※ 肩に手をあてて回しましょう。

③ 腰

※ 腰に手をあてて回しましょう。

④ 膝

※ 腰に手をあてて回しましょう。

⑤ 手首

※ 両手を合わせて回しましょう。

⑥ 足首

※ 座って足を手で持ち回しましょう。

チェックポイント
- 関節を回す場合、深い呼吸をしながら回すことができていますか。
- 徐々に、身体が温まっていますか。

ちょっといい耳　関節

　関節は、二つの骨がつながっている部分のことを指しています。関節によって、骨はさまざまな動きができるようになります。指や肘の関節は、一定の方向に曲げたり伸ばしたりすることができます。また、肩の関節のように、あらゆる方向に動かすことができる関節もあります。

ちょっといい耳　筋肉

　筋肉は、身体のさまざまな器官をその収縮によって動かす働きを担っています。そして、筋繊維でできています。また、筋肉は、筋繊維の種類によって、骨格筋、平滑筋、心筋の三種に大きく分けられています。

3．うたう身体をつくる実践

　柔らかい声でうたうには、上半身がリラックスし、下半身（横隔膜から爪先まで）もよく動く状態にすることが大切です。さまざまな実践をとおして上半身のポジションと下半身のポジションを身につけましょう。

（1）オランウータンをまねる

　オランウータンをまねて、上半身の力を抜きましょう。

① 頭（首）、肩、胸の力を抜きます。　　　　② お腹を支点にして、上半身を少し前に倒します。

※ 脚を少し開き、顎を少し引きましょう。　　　※ 腕の力を抜いて垂らし、左右に揺らしましょう。
※ 膝に力が入らないようにしましょう。

チェックポイント

● 頭（首）、肩、胸の力がお腹に集まるイメージを持っていますか。
● 膝の力が抜け、足の親指に体重が乗っているイメージを持っていますか。
● 前後左右に動けていますか。

ちょっといい耳　オランウータン（特定動物・ヒト科オランウータン属 "pongo"）

　オランウータンは、マレー語で「orang（人）」と「hutan（森）」を語源としています。インドネシアやマレーシアの熱帯に生息し、身長は約 1.0m、腕は足の 2 倍ほどの長さにもなります。そして、広範囲を単独で行動しています。日本では、1792 年と 1800 年に長崎で輸入された記録が残っています。また、1898 年には、現在の上野動物園で初めて飼育されました。

ちょっといい耳　二足歩行

　二足歩行は、2 本の脚で身体を支え、身体の重心を前に移動させながら動くことを指しています。その動きは、ヒトと鳥類の特徴的な動きです。そして、2 本の脚を同時に前に出す「ホッピング（hopping：英）」や、交互に前に出す「ウォーキング（walking：英）」、「ランニング（running：英）」があります。ヒトは、それらに加え、弾みながら交互に脚を前に出す「スキップ（skip：英）」が可能です。

（2）横隔膜を確認する

　横隔膜が発声の「支え」となることを確認します。その支えが、柔らかい声でうたうことをサポートします。

①胸と下腹の中間あたりに手を置きましょう。

②軽く咳をすると、はね返ってくる部分があり、横隔膜を確認することができます。

（3）支えを確認する

①二人一組になり、AがBの横隔膜にこぶしをあてます。

②BはAのこぶしに体重を乗せ、Aは押し返します。

チェックポイント
- ●Bの上半身の力は抜けていますか。
- ●BはAのこぶしに身体を委ねていますか。

4．身体で表現する実践

　うたうことは、表現することの手段です。まず、表情や身体の動きなど、音楽を表現する前に自分自身の表現力を磨き、うたうことへの準備を進めましょう。

（1）プレゼント

① 二人一組になり、1.0m ほど離れて　　　　　② A は B に花束を渡します。
　 向き合います。

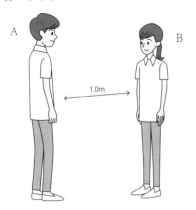

※ 頭が前に出ないようにして、相手と目線を合わせて渡しましょう。

〈チェックポイント〉
● お互いにどのような印象を与えているか、意見交換できましたか。

〈Variation〉
● 花束の大きさを変えてみましょう。
● 花束の渡し方を変えてみましょう。

（ちょっといい耳）　プレゼントの習慣

　日本のプレゼント（贈り物）は、もともと、神様にお供えした食事などを祭りの参加者などで分けて食べることを意味した「共神共食」が起源となっています。さまざまなプレゼントの機会はあるものの、日本では、誕生日のプレゼントが最もメジャーになっているようです。

（ちょっといい耳）　表情筋のトレーニング

　母音の発音で表情筋のトレーニングを行います。
　　① 口を大きく開き「a」と発音します。
　　② 口を真横に引きのばし「i」と発音します。
　　③ 口をすぼめ、突き出すようにして「u」と発音します。
　　④ 口角を上げ「e」と発音します。
　　⑤ 口を縦に開き、鼻の下を伸ばすイメージで「o」と発音します。

（2）ひとやすみ

① 両腕を上にあげ、声を出し
ながらあくびをします。

② 肩を落として、ため息を
つきます。

③ 正座で座り、お茶を飲もうと
する仕草をします。

※ 喉の奥が開いているかを感じま
しょう。

※ ゆっくりため息をつき、息を吐きき
るようにしましょう。

※ 身体を丸め、骨盤が緩んでいるか
を感じましょう。

> チェックポイント

●身体の各部位が緩んでいる様子を確認できましたか。

（3）心をひらく

① 表情を豊かにする
二人一組になり、喜怒哀楽を表現します。

② やまびこあそび
二人一組になり、同じ言葉をかけ合います。

※ お互いに大げさな表現を目指しましょう。

※ 2人の距離を徐々に離して、互いの言葉や表情をまね
しましょう。
※ 声量を変えるなどして、声の方向性を確認しましょう。

> チェックポイント

●お互いの表情をまねすることができていますか。

5．響きをつくる実践

　自分の息が身体のどこで響きをつくろうとしているのかを知るために、さまざまな実践を行います。これらを習得すると、思いどおりに息のコントロールができるようになります。

（1）ハミング

　上下の奥歯を合わせて、唇を軽く閉じます。

①「ふーん」と相づちをうちます。

②「ふーん」が響いたところを確認して、「ん」の部分をのばします。

※ 音がクリアになっているか確認しましょう。

チェックポイント

● 横隔膜で支えるイメージをもってハミングできていますか。
● おへそのあたりに手をあて、声を出している間、お腹がゆっくりへこんでいくことを確認できましたか。

Variation

● ハミングには、さまざまな方法があります。次に挙げる方法で試してみましょう。
　ⓐ 上下の奥歯を軽く開いて、唇を軽く閉じる。
　ⓑ 上下の奥歯を合わせて、唇を少し開く。
　ⓒ 上下の奥歯を軽く開いて、唇を少し開く。
● さまざまな音の高さや強さで、ハミングを試してみましょう。

ちょっといい耳　休憩と休息

　休憩は、活動を止め、心身の疲れを癒すことを指しています。休息は、活動後、十分な睡眠などを取り、疲れを癒すことを指しています。時間的には、休息の方が長いのではないでしょうか。

ちょっといい耳　ホールの響き

　ホールで音楽を奏でると、響きに包まれます。その代表は、音が広がり伝わる「音響」、音が物に反射し伝わる「反響」、音の余韻「残響」です。また、人に伝わると「影響」となります。

（2）"S" と "Z"

歯を軽く閉じて、唇を少し開きます。そして、息を"S"（スー）とゆっくり吐きます。

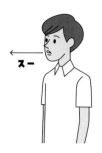

※ 上半身をリラックスさせ、ムラなく
　 15-20秒かけて息を吐きましょう。

チェックポイント

● "Su" になっていませんか。また、音を伸ばしている間に母音 "u" になっていませんか。

Variation

● "S"（スー）ができるようになれば、口の形を保って息を"Z"（ズー）とゆっくり吐きましょう。また、さまざまな音の高さや強さで試してみましょう。

（3）リップロール

うたうときに、息が滑らかにまっすぐ流れ、響く音が出るようになれば、美しい声でうたえるようになります。また、唇がなかなか震えない場合は、唇を少しぬらしたり、左右の口角を指で押さえたりしながら試してください。

① 口の周りの筋肉をほぐします。　　　　　② 唇を軽く閉じ、息を吹きます。

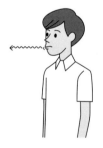

※ 口の横に手をあて、筋肉を上下左右に動かしましょう。　※ 唇が「ブルルル」と震えたら、息をムラなく出し続けましょう。

チェックポイント

● 息は長く続きましたか。

Variation

● さまざまな音の高さや強さで試してみましょう。
● 知っている曲をリップロールでうたってみましょう。

ちょっといい耳　有声音と無声音

　声帯が振動する音を「有声音」、声帯が振動しない音を「無声音」といいます。日本語は、母音を伴って発音するため、母音が響くときに声帯が振動します。

- 有声音：濁音（ガ・ザ・ダ・バ行）の子音「g」、「z」、「d」、「b」、マ行の子音「m」、ラ行の子音「r」、ん「n」
- 無声音：清音（カ・サ・タ・ハ行）の子音「k」、「s」、「t」、「h」、半濁音（パ行）の子音「p」

　また、気息を伴う音を「有気音」、気息を伴わない音を「無気音」といいます。これは、日本語の中でほとんど感じることができません。「パ (pa)」を強めに発音するときに感じられる程度です。

第4章　楽譜を読む

1．楽譜の役目

　楽譜は、西洋音楽の中で進化し、世界中で用いられています。現在の五線記譜法は、縦に音の高さ、横に拍やリズムを書いたもので、音符や休符、調性や拍子、記号や楽語などを記して、詳細な記録として用いられています。

2．楽譜の歴史

　古代ギリシア時代には、歌詩の上に音の高さを記す「文字譜」が存在しました。それは、エジプトのオクシュリュンコス（現在:バフナサ）で発見された文書の中にも残っています。また、紀元前の聖歌「三位一体の聖歌」や「アポロンへの讃歌」も発見されています。さらに、この記譜法は、エウナピオス (Eunapios：345頃-414頃) らが「古典ギリシア記譜法」としてまとめています。

　中世に入ると、G. ダレッツォ (Guido d'Arezzo：991頃-1050頃) が、4本線の上に四角い音符を書く「ネウマ譜」の原型をつくりました。そして、キリスト教ローマ典礼で用いる『グレゴリオ聖歌集』がつくられました。

　近代に入ると、J. グーテンベルク (Johannes Gensfleisch zur Laden zum Gutenberg：1397頃-1468) が活版印刷技術を開発し、楽譜を印刷するようになりました。しかし、教会の聖歌隊は4本線のネウマ譜を用い、鍵盤楽器奏者は、6-8本線の楽譜を用いていたため、記譜法を統一することはできませんでした。同じ頃、イタリアのオペラ界では、人が判別しやすく、さまざまな音楽を表記することのできる楽譜を望む声が上がり、五線譜に統一されました。そして、世界中に五線記譜法が広まりました。

3．三要素を楽譜にする

　「音楽の三要素」は、「リズム（律動）」、「メロディ（旋律）」、「ハーモニー（和声）」です。この三要素は、ほぼ全ての情報を楽譜に記すことができます。

　「音の三要素」は、「高さ」、「強さ」、「音色」です。そして、「高さ」と「強さ」は、ほぼ全ての情報を楽譜に記すことができます。しかし、「音色」を楽譜に記すことは難しく、さまざまな言葉、記号や楽語を用いても、それを演奏する人に伝えることができるか、定かではありません。

ちょっといい耳　学力の三要素

　現代の学校教育では、育てようとする学力の質が変化しています。また、先生が一方的に行う授業ではなく、社会生活で必要な力を育てることが重視されています。そして、「要素1:知識・技能」、「要素2:思考力・判断力・表現力」、「要素3:主体性・多様性・協調性」を育てるよう学習指導要領で定められています。

> **ちょっといい耳** さまざまな三本柱
>
> 　生活環境には、三本柱がつきものです。色の三要素「明度 (value)・彩度 (chroma)・色相 (hue)」、光の三原色「赤 (red)・緑 (green)・青 (blue)」、色材の三原色「黄 (yellow)・赤紫 (magenta)・青緑 (cyan)」などが代表的なものです。

4．楽譜を読む基礎

（1）拍を感じる

　西洋音楽は、時間的な秩序のもとつくられています。そして、規則正しい時間の刻みを「拍」といいます。拍は、英語で「beat」、ドイツ語で「Takt」または「Schlag」、フランス語で「battement de mesure」といいます。

Work　拍を感じる

① 二人一組になり、一方が歩きましょう。そして、もう一方がその足の動きに合わせて拍を打ちましょう。

② 二人一組になり、一方が拍を打ちましょう。そして、もう一方がその音を聴きながら歩きましょう。このとき、拍を打っている手などは確認せず、その拍を感じることができれば、互いの拍に対する感覚が共有されます。

（2）拍子を感じる

　拍を打ち、その流れの中に規則正しい強点を設定すると「拍子」になります。「拍子」は、楽曲を進行させるうえで、リズムをまとめ、一定の流れをつくります。

① 2拍子

　2拍子は、「強・弱」のくり返しでできています。

Work　2拍子を感じる

　第1拍（強）は太腿を打ち、第2拍（弱）は顎の下でこぶしを合わせ、2拍子を感じましょう。

第1拍（強）  太腿を打つ

第2拍（弱）  顎の下でこぶしを合わせる

② **3拍子**

3拍子は、「強・中・弱」もしくは「強・弱・弱」のくり返しでできています。

|Work|　3拍子を感じる

ⓐ 第1拍（強）は太腿を打ち、第2拍（中）は胸の前で手を打ち、第3拍（弱）は顎の下でこぶしを合わせ、3拍子を感じましょう。

第1拍（強）　　　　　　　　第2拍（中）　　　　　　　　第3拍（弱）

太腿を打つ　　　　　　　　胸の前で手を打つ　　　　　　顎の下でこぶしを合わせる

ⓑ 第1拍（強）は太腿を打ち、第2拍（弱）、第3拍（弱）は顎の下でこぶしを合わせます。

第1拍（強）　　　　　　　　第2拍（弱）　　　　　　　　第3拍（弱）

太腿を打つ　　　　　　　　顎の下でこぶしを合わせる　　顎の下でこぶしを合わせる

---

③ 4拍子

　4拍子は、「強・弱・中・弱」のくり返しでできています。

Work　4拍子を感じる

　第1拍（強）は太腿を打ち、第2拍（弱）は顎の下でこぶしを合わせ、第3拍（中）は胸の前で手を打ち、第4拍（弱）は顎の下でこぶしを合わせ、4拍子を感じましょう。

- -

- -

- -

④ 6拍子

　6拍子は、「強・弱・弱・中・弱・弱」のくり返しでできています。

Work　6拍子を感じる

　第1拍（強）は太腿を打ち、第2拍（弱）、第3拍（弱）は顎の下でこぶしを合わせます。そして、第4拍（中）は胸の前で手を打ち、第5拍（弱）、第6拍（弱）は顎の下でこぶしを合わせ、6拍子を感じましょう。また、テンポを速くすると、2拍子のように感じることができます。

- -

- -

- -

（3）拍子記号

　拍子記号は、その楽曲に用いられる拍子の基準を示した記号です。そして、1拍（基準）となる音符の種類（下段）と1小節に入る拍の数（上段）を示しています。また、楽曲の途中で拍子が変わらない場合は、最初に一度だけ記します。楽曲の途中で拍子が変わる場合は、拍子が変わる小節を複縦線で挟むようにしてその記号を記します。

$\frac{2}{4}$

拍子記号

拍子が変わる楽譜

Work　記譜の違いを確認する

　3/4拍子と6/8拍子の記譜の違いを確認しましょう。

（4）音符と休符

音符は、音の高さと音の長さを示す記号です。また、休符は、休みの長さを示す記号です。

① 単純音符と単純休符の長さ

単純音符は、全音符の長さを 2、4、8、16 と分割してつくられています。また、単純休符も同じように、全休符を分割してつくられています。

音符・休符一覧

単純音符		単純休符	
全音符	𝅝　　×1/2 の長さ	▬	全休符
2 分音符	𝅗𝅥	▬	2 分休符
4 分音符	♩	𝄽	4 分休符
8 分音符	♪	𝄾	8 分休符
16 分音符	♬	×2 の長さ　　𝄿	16 分休符

Work　音符や休符の関係性

1 拍 (基準) となる音符と、その他の音符や休符の長さの関係を確認しましょう。

② 付点のある音符と休符

付点は、単純音符や単純休符の右につく点を指します。そして、付点が一つの音符と休符を「付点音符」、「付点休符」といいます。また、付点が二つの音符と休符を「複付点音符」、「複付点休符」といいます。付点音符と付点休符の長さは、すぐ左にある単純音符または単純休符の 1/2 の長さを加えます。複付点音符や複付点休符の長さは、すぐ左にある付点が表す音符や休符の 1/2 の長さを加えます。

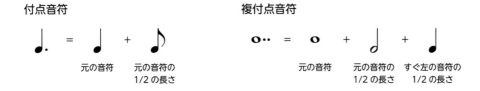

付点音符　　　　　　　　　　　　　　複付点音符

♩. ＝ ♩ ＋ ♪　　　　　𝅝.. ＝ 𝅝 ＋ 𝅗𝅥 ＋ 𝅗𝅥

　元の音符　元の音符の　　　　　元の音符　元の音符の　すぐ左の音符の
　　　　　　1/2 の長さ　　　　　　　　　　1/2 の長さ　1/2 の長さ

Work　＋1/2 の法則

付点のある音符と休符には、「＋1/2 の法則」があります。上の図を用いて、その長さの関係を確認しましょう。

（5）リズムを読む

　リズムは、規則正しい時間の刻みとなる「拍」の中にある「時間の長短」を指しています。そして、その長短を音符と休符で表します。

① 2拍子

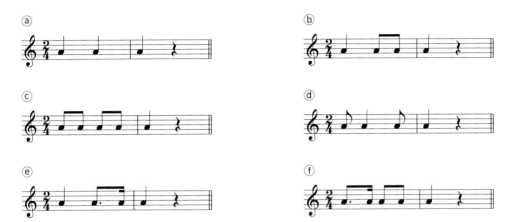

Work　2拍子のリズム

　手で拍を打ちながら、リズムをうたいましょう。また、拍をうたいながら、手でリズムを打ちましょう。このとき、テンポを一定に保ち、2拍子を感じることができているか確認しましょう。

② 3拍子

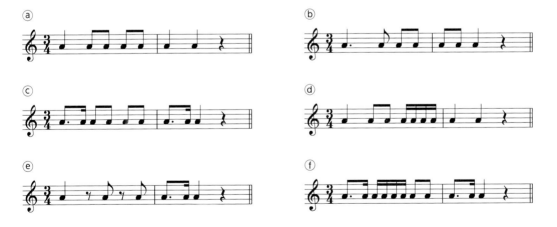

Work　3拍子のリズム

　手で拍を打ちながら、リズムをうたいましょう。また、拍をうたいながら、手でリズムを打ちましょう。このとき、テンポを一定に保ち、3拍子を感じることができているか確認しましょう。

③ 4拍子

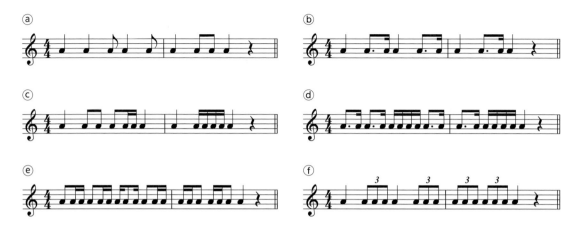

Work 4拍子のリズム

　手で拍を打ちながら、リズムをうたいましょう。また、拍をうたいながら、手でリズムを打ちましょう。このとき、テンポを一定に保ち、4拍子を感じることができているか確認しましょう。

④ 6拍子

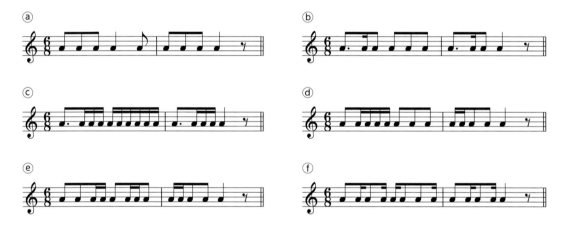

Work 6拍子のリズム

　手で拍を打ちながら、リズムをうたいましょう。また、拍をうたいながら、手でリズムを打ちましょう。このとき、テンポを一定に保ち、6拍子を感じることができているか確認しましょう。

ちょっといい耳　生活様式から生まれたリズム

　リズムを感じるとき、「日本人は表拍」、「西洋人は裏拍」で感じるといわれます。これは、手拍子や拍手にもあらわれています。日本人の拍手は、手と手を合わせたときに合わせたままで止まった状態となる「ダウン・ビート (down beat)」になります。そして、西洋人の拍手は、手と手を合わせた後に手が開いた状態となる「アップ・ビート (up beat)」になります。

（6）音部記号

　音部記号は、楽譜上の音の高さを示す記号です。この記号は、11 世紀ごろから用いられていますが、18 世紀以降、鍵盤楽器の発達にともなって、ト音記号（高音部記号）とへ音記号（低音部記号）が主として用いられるようになりました。

ト音記号　　ヘ音記号

（ちょっといい耳）　基準としての音部記号

　音部記号は、もともと「中央のド」の位置を示すハ音記号しかありませんでした。しかし、ピアノなどの楽器が改良され、より高音やより低音を楽譜に記すことが必要となりました。そこで、ト音記号やヘ音記号が生まれました。

（ちょっといい耳）　国際標準音 (international standard pitch)

　1859 年のパリ会議で、ラ（A4・a'）を 435Hz と決定しました。そして、ヨーロッパを中心に普及しました。しかし、アメリカでは、440Hz のコンサート・ピッチが普及していました。このことから、1939 年の国際会議で、440Hz（温度 20℃）が採用されることになりました。また、日本では、1948 年から、440Hz が採用され、現在では、442Hz が主流となっています。

（7）音の高さを知る

　音の高さは、譜表の最初に記された音部記号によって決定します。

音部記号による音の高さ

Work　音の並び

　音の並び「ドミソシレファラ」の暗唱をしましょう。また、線や間にどの音が記されるか確認しましょう。

音の並び

場所	ド	ミ	ソ	シ	レ	ファ	ラ	ド	ミ	ソ	シ	レ	ファ	ラ	ド
線　ト音記号							下2	下1	1	2	3	4	5	上1	上2
線　ヘ音記号	下2	下1	1	2	3	4	5	上1	上2						

場所	レ	ファ	ラ	ド	ミ	ソ	シ	レ	ファ	ラ	ド	ミ	ソ	シ	レ
間　ト音記号							下2	下1	1	2	3	4	上1	上2	
間　ヘ音記号	下2	下1	1	2	3	4	上1	上2							

第5章　インターバル（導入編）

1．絶対音感と相対音感

　絶対音感は、音を聴いてその音の絶対的な高さを認識することができる能力を指しています。そして、相対音感は、基準となる音と聴いた音を比較することによって、どれくらい離れているかを認識することができる能力を指しています。また、相対音感は、トレーニングによって身につけることができます。

（ちょっといい耳）　**正しい音程を理解する**

　正しい音程を理解するには、鍵盤楽器などで音を確認しながら、自分がうたっている様子を録音し、聴きかえします。そして、音程が高いか、低いか、不安定かなど、聴き分ける力を身につけることが大切です。

2．固定ド唱法と移動ド唱法

　固定ド唱法は、Cの音を「ド」として、音名をもとに音を読み、うたう方法を指しています。そして、移動ド唱法は、長音階の主音を「ド」、短音階の主音を「ラ」として、階名をもとに音を読み、うたう方法を指しています。

　現代の日本の音楽教育では、根強く二つの歌唱法が残っているため、子どもが混乱することも多いようです。そのため、佐藤吉五郎（1902-1991）や西塚智光（1939-）らが固定ド唱法を推奨しました。

（ちょっといい耳）　**佐藤吉五郎**（さとうきちごろう：1902-1991）

　佐藤吉五郎は、秋田県出身のヴァイオリニスト・音楽教育者です。東京音楽学校を卒業後、岡山県女子師範学校、海軍教授などを経て終戦を迎えます。その後、文部省実験学校（鎌倉市玉縄小学校）において教鞭をとりました。また、和音の感覚を音楽教育に取り入れた総合的な音楽教育法を提唱しました。

3．身体の状態を確認する

　頭と背骨がぶつかる部分をAO関節（環椎後頭関節）といいます。この部分を意識することによって、身体はまっすぐに保たれます。左右の重心に気をつけながら立ち、うたう姿勢をつくりましょう。また、腕を前後、左右、上下などに動かしたり、あお向けになり肩甲骨を動かしたりします。そして、リラックスした身体の状態を確認しましょう。

<table>
<tr><td>ちょっといい耳</td><td>AO 関節 （Atlanto-occipital joint もしくは Atlanto-occipital articulation：英）</td></tr>
</table>

　後頭骨の奥には、後頭顆という一対の突起があります。また、背骨の一番上には、第一頸椎というう骨があります。その二つをつないでいるのが、AO 関節です。この関節は、小さな関節ですが、頭の重さを支えるために大切な関節です。

　AO 関節の位置を確認するには、まず、指で耳の後ろにある突起（乳様突起）を探します。そして、そこから少し前に指を移動させると、小さなくぼみがあります。そこが、AO 関節の位置です。少しうなずくと、その動きを確認することができます。

4．インターバルの実践

　鍵盤楽器などを用いて音の高さを確認しながら、ハミングを行います。

（1）短2度

　短 2 度は、半音の音程の関係を指しています。

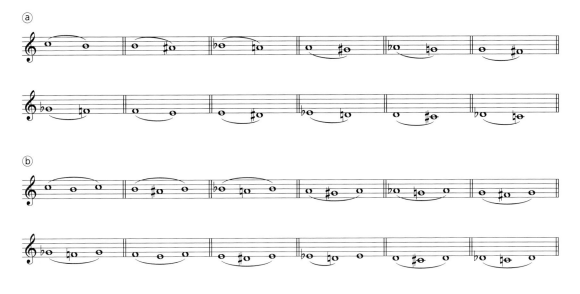

<u>**Variation**</u>

● ハミングで音程がとれるようになれば、リップロールでも行ってみましょう。

<table>
<tr><td>ちょっといい耳</td><td>リップロールの効果</td></tr>
</table>

　リップロールは、まず、表情筋のストレッチになります。そして、一定の息をムラなく出し続け、声帯を開閉して音程をとるようになるため、喉に負担をかけず、うたうことができるようになります。また、リップロールで、低い音と高い音を行き来することができるようになると、地声と裏声の切替えがスムーズになります。

（2）長2度

長2度は、二つの半音を含む音程の関係を指しています。また、全音ともいいます。

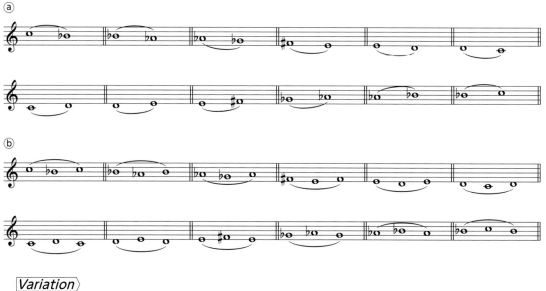

Variation

●ハミングで音程がとれるようになれば、リップロールでも行ってみましょう。

（3）短3度

短3度は、三つの半音を含む音程の関係を指しています。

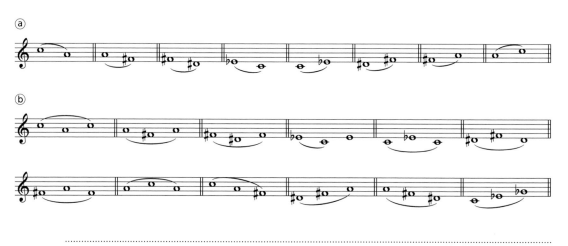

ちょっといい耳 音程がズレる・ピッチがズレる

「音程がズレる」ということは、「ソ」の音でうたう部分を「ラ」でうたってしまうような場合を指しています。

「ピッチがズレる」ということは、「440Hz のラ」の音をうたう部分を「435Hz のラ」でうたってしまうような場合を指しています。

（4）長3度

　長3度は、四つの半音を含む音程の関係を指しています。

ⓐ

ⓑ

Variation

● ハミングで音程がとれるようになれば、リップロールでも行ってみましょう。

（ちょっといい耳）　**正しい音程で再現する**

　自分がうたっている様子を、ヘッドフォンやスピーカーなどを用いて点検します。この方法を用いると、リアルタイムで音程の修正が可能になります。

（ちょっといい耳）　**三つの裏声**

　裏声には、弱々しく息漏れさせた「ファルセット（falstto：伊）」、芯があり頭に響くような「ヘッド・ヴォイス（head voice：英）」、地声と裏声を混ぜた「ミックス・ヴォイス（mix voice：英）」の3種があります。これらは、高音を出すための裏声として扱われています。

第6章　ハーモニー

1．ハーモニー

　ハーモニーは、和音の進行と各声部の音の配置や進行の組み合わせを指しています。そして、基本となる音の上に、二つ以上の音を積み重ねてつくることができます。また、ハーモニーは、ギリシャ神話の「ハルモニア (Harmonia)」に由来するといわれています。さらに、単に和音を指す場合もあります。

> **ちょっといい耳**　和音と和声
>
> 　和音は、フランスの J.P. ラモー (Jean-Philippe Rameau：1683-1764) が『自然の諸原理に還元された和声論 (Traité de l'harmonie réduite à ses principes naturels)』で定義した三和音から始まりました。その後、ドイツの F. リーマン (Karl Wilhelm Julius Hugo Riemann：1849-1919) が定義した「機能和声理論 (Funktionstheorie)」で、和声は飛躍的に発達しました。また、ドイツの W. マーラー (Wilhelm Maler：1902-1976) が出版した『Beitrag zur durmolltonalen Harmonielehre, 1931』は、機能和声の教則本として扱われました。

2．ハーモニーの実践

　ハーモニーは、基本となる音の上に、長3度または短3度となる音を積み重ねてつくります。その種類は、長三和音、短三和音、増三和音、減三和音の4種類です。

（1）長三和音

　長三和音 (major chord：英) は、基本となる音の上に長3度の音を重ね、その上に短3度の音を重ねてつくります。ここでは、ハーモニーの構成音をうたい、その音程感覚を身につけます。

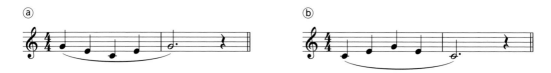

> **Variation**
> - 音を半音ずつ上げてうたいましょう。
> - 三人一組になり、それぞれの音を分担して、担当した音をうたいましょう。

> **ちょっといい耳**　チェスト・ヴォイス
>
> 　チェスト・ヴォイス (chest voice：英) は、胸に響かせる発声方法です。それは、力強い歌声でうたう場合に適しています。また、表現力が増し、地声に力強さを加え、深みのある声となります。

（2）短三和音

　短三和音（minor chord：英）は、基本となる音の上に短3度の音を重ね、その上に長3度の音を重ねてつくります。ここでは、ハーモニーの構成音をうたい、その音程感覚を身につけます。

Variation

　●音を半音ずつ上げてうたいましょう。
　●三人一組になり、それぞれの音を分担して、担当した音をうたいましょう。

（3）増三和音

　増三和音（augmented chord：英）は、基本となる音の上に長3度の音を重ね、その上に長3度の音を重ねてつくります。ここでは、ハーモニーの構成音をうたい、その音程感覚を身につけます。

（4）減三和音

　減三和音（diminished chord：英）は、基本となる音の上に短3度の音を重ね、その上に短3度の音を重ねてつくります。ここでは、ハーモニーの構成音をうたい、その音程感覚を身につけます。

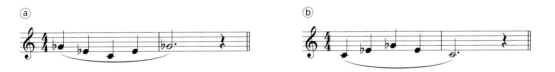

ちょっといい耳）　協和音と不協和音

　長三和音と短三和音を協和音といいます。また、そのほかの和音を不協和音といいます。不協和音は、不調和で不安定な感じを与えるといわれています。

ちょっといい耳）　四和音

　三和音に3度上の音を重ねたものを「四和音（七の和音）」といいます。この和音を短調でつくる場合、和声的短音階を用います。
　また、長三和音に長3度上の音を重ねると「長七の和音」、短三和音に短3度上の音を重ねると「短七の和音」、増三和音に短3度上の音を重ねると「増七の和音」、減三和音に長3度上の音を重ねると「導七の和音」となります。

第7章　インターバル（応用編）

1．単音程と複音程

　単音程は、二つの音の高さの距離（隔たり）が1オクターヴ（完全8度）以内のものを指しています。また、複音程は、二つの音の高さの距離が1オクターヴ以上のものを指しています。複音程になっている場合、二つの音の上側にある音を1オクターヴ下げる、もしくは下側にある音を1オクターヴ上げるなどして、「1オクターヴと〇度」ということができます。

複音程の例

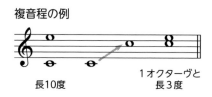

長10度　　　　　1オクターヴと
　　　　　　　　　長3度

2．インターバルの実践

（1）完全4度

　完全4度は、五つの半音を含む音程の関係を指しています。

ⓐ 　　　　ⓑ

Variation

●音を半音ずつ上げたり下げたりしてうたいましょう。

（2）完全5度

　完全5度は、七つの半音を含む音程の関係を指しています。

ⓐ 　　　　ⓑ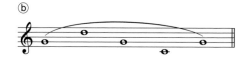

ちょっといい耳　増4度と減5度

　二つの音の高さの距離を数える場合、まず幹音の数を数えます。増4度は、完全4度より半音一つ分広い4度、減5度は、完全5度より半音一つ分狭い5度となります。しかし、二つの音程は、六つの半音を含む音程の関係を指しています。

（3）完全8度

完全8度は、1オクターヴの関係を指しています。

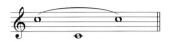

Variation〉

●音を半音ずつ上げたり下げたりしてうたいましょう。

3．さまざまなインターバルを感じる実践

（1）完全4度と完全5度

Variation〉

●音を半音ずつ下げてうたいましょう。

（2）長三和音

（3）短三和音

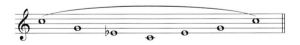

（ちょっといい耳） アンサンブル

　　アンサンブル（ensemble：英）は、合唱や合奏、重唱や重奏を指しています。そして、室内楽を指す場合もあります。また、オーケストラは、規定の楽器編成で演奏されることから、それ以外の編成をアンサンブルという場合もあります。

第8章　うたいかたの練習

1. 発声の指導

　うたうことのプロセスは、大人も子どもも同じです。しかし、乳幼児期の子どもには、大人が一緒にうたい、「やさしい声」となるよう導くことが望まれます。また、「生き生きとうたう」と「元気にうたう」を取り違えたり、「明るく思いきってうたう」と「怒鳴る」を取り違えたりしてしまうことがあります。不用意に声を張り上げてうたうことによって、声帯を痛めたり、発達を妨げたりする可能性があるため注意しなければなりません。

　児童期の子どもは、自らうたうことができるようになります。しかし、初期段階では、乳幼児期の子どもと同じように、大人と一緒にうたうことを勧めます。そして、自然な姿勢、深い呼吸、自然な響きなどを感じることができるようになれば、「美しい（歌）声」となるでしょう。

2. 発声を確認する

　第3章の「しなやかな身体をつくる実践」で体験したことをもとに、自然な姿勢、深い呼吸、自然な響きを確認します。

（1）自然な姿勢をつくる

　自然な姿勢は、さまざまな筋肉に力を入れ、関節を固くするのではありません。まず、両脚を少し開いて立ち、膝関節の力を抜くと、同時に股関節、くるぶし、肩の力が抜けます。そして、上半身（骨盤から上）がまっすぐになることを実感してください。

（2）自然な呼吸と深い呼吸

　自然な呼吸は、普段の生活の中で無意識にしている呼吸を指しています。深い呼吸は、寝ている時など無意識にしている呼吸を指しています。深い呼吸を確認するために、まず、あお向けになって、お腹に両手をあて、息を吸ったときにお腹が膨らんでいることを確認します。これが、腹式呼吸（深い呼吸）です。

（3）自然な響きをつくる

　自然な響きを自分で感じ取ることは、大変難しいことです。まず、あくびをするように口や喉を開きます。あくびをしながら、勢いよく空気を吸うと、口の奥で空気の冷たさを感じる部分があります。そこをよく開けるようなイメージをもって声を出します。

　次に、ハミングをすると鼻の周りに響きを感じることができます。顔いっぱいに響きが広がっていく感覚を身につけてください。

> **ちょっといい耳**　あくび
>
> 　あくびは、脳が酸素不足となったときに酸素を取り込もうとする一種の反射です。脳が働くには、多くの酸素を必要とするため、血液で運ばれる酸素だけでは足りなくなることがあります。ある意味、「脳の深呼吸」といえるかも知れません。また、あくびは、口を大きく開け、顔の筋肉を動かします。これは、顔の筋肉のストレッチになり、脳の活性化に効果があるといわれています。

3．母音と子音の発音

（1）母音

　母音を発音する場合、下顎の位置を確認しながら発音します。

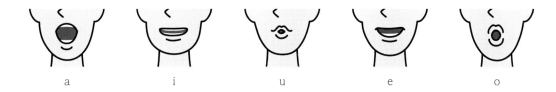

母音の発音

a	口を縦に開くようなイメージを持って発音します。 ※口を横に開いて響きが薄くならないように注意しましょう。
i	口の中を広くするようなイメージを持って発音します。 ※前歯や奥歯が閉じないように注意しましょう。
u	口笛を吹くようなイメージを持って発音します。 ※口の中を広くするように注意しましょう。
e	「a」の口の形を参考にして、舌を少し前へ出すようなイメージを持って発音します。 ※口を横に開きすぎないよう注意しましょう。
o	口を縦に開くようなイメージを持って発音します。 ※響きが暗くなっていないか注意しましょう。

（2）子音

　子音を発音する場合、舌の位置や動きを確認しながら発音します。

子音の活用

M・N	響きを確認するときに用いると効果的です。
T・L	声を前へ出すことを確認するときに用いると効果的です。
S・H	息の流れを確認するときに用いると効果的です。

4．発声の実践

（1）ロングトーン

ロングトーンは、安定した音を長時間出し続けることを指しています。

歌をうたうには、ムラなく一定の息を出し続けることが大切です。身体を脱力して、息の流れを確認しながらハミングを行います。そして、安定した声でうたうことを身につけます。

ロングトーン

Variation 〉

● 音を半音ずつ上げたり下げたりしてうたいましょう。

● ハミングを行う中で、息を強くしたり、弱くしたりしながらその流れを感じましょう。

● さまざまな母音を用いて、ロングトーンを行いましょう。

Exercise 楽しい発声のドリル 1 「あくび −のどを開いて−」 岩河三郎 作詞・作曲（木許 隆 編）

（2）声の響きを保つ

　声の響きを保つには、安定した息の流れが必要です。そして、暗く、つまったような音になっていないか確認します。また、音が下行する場合は、音程が下がりすぎないように注意します。

① 二人一組になって

　二人一組で向かい合い、相手の頬に手をあて、上顎を軽く持ち上げるようにします。そして、口が開いたら声を出します。

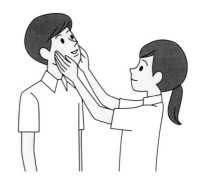

no —　—　—
ho —　—　—

$\boxed{\textit{Variation}}$

●音を半音ずつ上げたり下げたりしてうたいましょう。

② 鼻を押さえて

　ハミングをしながら、鼻先を指で軽く押さえて響きを確認します。

m —　—　—　—　—　—　—
na na na na na na na na　na
ya ya ya ya ya ya ya ya　ya

$\boxed{\text{ちょっといい耳}}$　　ブレス

　歌や息でコントロールする管楽器などを演奏する途中で、息つぎすることを指しています。楽譜上、息つぎする位置には、ブレス記号（∨）を記します。その指示がない場合、演奏者自身が音楽の流れをくずさないよう、考えた場所で息つぎします。

Exercise 楽しい発声のドリル2「ためいき −ああ−」　岩河三郎 作詞・作曲（木許　隆 編）

ちょっといい耳　ため息

　ため息は、乱れた呼吸を整えるために行う深い呼吸を指しています。また、緊張を解き、ストレスを逃がそうとするサインが、ため息です。ため息には、ネガティブなイメージがあります。しかし、無意識に心を落ち着かせようとする反応と捉えてください。また、気持ちをリセットする効果も期待されています。

50

Exercise　楽しい発声のドリル４「ma」　岩河三郎 作詞・作曲（木許 隆 編）

Exercise 楽しい発声のドリル6「ŋɑ」 岩河三郎 作詞・作曲（木許 隆 編）

（3）スタッカート

腹筋や背筋を使いながら、音を短く弾ませてうたいます。そのとき、一つ一つの音で息の流れが止まらないように注意します。

ⓐ
ho ho ho ho ho

ⓑ
ho ho ho ho ho
lo lo lo lo lo

ちょっといい耳　安定した歌声をつくる

声帯は、母音を発することによって振動します。また、口の形や舌の位置、息のスピードなどで子音をつくります。歌詞をはっきり伝えるには、子音の発音が明確でなければなりません。しかし、子音の発音を意識しすぎると、声帯の振動が不安定になり、音が安定しない原因となります。まず、母音だけでうたい、声帯が常に振動している状態を確認します。そして、口の周りをリラックスさせ、「子音をのせる」というイメージをもって発音してください。

5．うたいかたの実践

第4章の「楽譜を読む」で学んだことをもとに、うたいかたを確認します。

（1）2/4拍子

※ 強には「☆」、弱には「・」を付けています。拍を手で打ちながらうたいましょう。

（2）3/4拍子

※ 強には「☆」、中には「○」、弱には「・」を付けています。拍を手で打ちながらうたいましょう。

（3）4/4拍子

※ 強には「☆」、中には「○」、弱には「・」を付けています。拍を手で打ちながらうたいましょう。

（4）6/8拍子

※ 強には「☆」、中には「○」、弱には「・」を付けています。拍を手で打ちながらうたいましょう。

6. さまざまな表現方法

（1）ヴォカリーズ

　ヴォカリーズ（vocalise：仏）は、母音のみでうたう歌唱法を指しています。この歌唱法は、もともと、発声練習のために用いられていました。しかし、A. ベラール社が編集した『L'art du chant, 1755（歌の技芸）』の中で、J.B. リュリ（Jean-Baptiste Lully'：1632-1687）や J.P. ラモー（Jean-Philippe Rameau：1683-1764）が作曲したメロディのみを掲載し、それぞれのうたいかたについて指示を与えたことから、楽曲の使用目的が変わりました。そして、19 世紀までに既存の歌曲からメロディを取り出すのではなく、新たに作曲されるようになりました。また、ピアノ伴奏をつけ、一つのジャンルを形成しました。

> ### ちょっといい耳　アントワーヌ・ベラール社
> 　A. ベラール社（Antoine Vérard：1485-1525）は、パリ（フランス）の出版社です。J.A. ベラール（Jean-Antoine Vérard：1450-1514）が創業し、フランスのシャルル 8 世（Charles Ⅷ：1470-1498）やイギリスのヘンリー7 世（Henry Ⅶ：1457-1509）など富裕層のために装飾写本と木版印刷の技法を組み合わせて書籍を発行しました。

> ### 人物紹介　J.B. リュリ
> 　J.B. リュリは、作曲家です。彼は、イタリアで生まれましたが、20 歳を過ぎてからフランスへ渡り、音楽教育を受けたという記録が残っています。そして、ルイ 14 世（Louis ⅩⅣ：1638-1715）の国王付作曲家・宮廷楽長として活躍し、1661 年には、フランス国籍を取得しました。また、亡くなる直前に、「Bisogna morire, peccatore（いざ死すべし、なんじ罪びとよ）」と書き残したといわれています。

（2）ア・カペラ

　ア・カペラ（a cappella：伊）は、もともと、教会音楽の様式を指しています。16 世紀頃、カトリック教会の中心となるヴァチカン（Vaticano）では、教会の儀式で用いられる音楽を簡素化したいと考えていました。そして、無伴奏で独唱や重唱することを推奨しました。その特徴は、①曲の一部もしくは全体にポリフォニーを含んでいる、②歌詞が聴き取りやすい、③無伴奏もしくは簡単な伴奏がつくの 3 点です。また、時代を経て、無伴奏の合唱を指すようになりました。

> ### ちょっといい耳　モノフォニーとポリフォニー
> 　モノフォニー（monophony：英）は、演奏者の人数や楽器の種類などに関係なく、一つのメロディが続く音楽を指しています。また、ポリフォニー（polyphony：英）は、複数のメロディや声部からできている音楽を指しています。

> ### ちょっといい耳　教会音楽の父
> 　G. パレストリーナ（Giovanni Pierluigi da Palestrina：1525 頃-1594）は、イタリアのオルガニスト・作曲家です。彼は、1577 年にはローマ教皇グレゴリウス 13 世（Gregorius ⅩⅢ：1502-1585）からグレゴリオ聖歌の改革を命じられ、数多くの聖歌を作曲しました。このことから、彼は、「教会音楽の父」といわれるようになりました。

（3）ゴスペル

　ゴスペル (gospel：英) は、もともと、プロテスタント系の教会音楽が発祥です。当時、アフリカから労働のために連れて来られた人々は、文化や言語、宗教まで剥奪されました。そして、アフリカの音楽とヨーロッパの讃美歌を融合させ、黒人霊歌 (negro spiritual：英) が生まれました。その特徴は、①コール・アンド・レスポンス (Call and Response：英)、②シンコペーション (Syncopation：英) の２点です。また、1863 年の「奴隷解放宣言 (The Emancipation Proclamation)」以降、黒人霊歌は、自由に表現できるようになり、世界中で知られるようになりました。

ちょっといい耳　ゴスペル音楽の父

　T.A. ドーシー (Thomas A Dorsey：1899-1993) は、アメリカのピアニスト・作曲家です。彼は、10 歳代から酒場でピアノを弾き、ブルースと出合いました。そして、讃美歌に伴奏をつけた 1,000 曲以上のオリジナル作品を発表し、「ゴスペル」のジャンルを確立しました。

（4）スキャット

　スキャット (Scat：英) は、ジャズで用いられる歌唱法を指しています。この歌唱法は、メロディに合わせて即興的にうたうため、「歌」と捉えるのではなく「一つの楽器」として捉えられています。また、L. アームストロング (Louis Armstrong：1901-1971) が、録音中に歌詞を忘れてしまい、その場を適当な言葉でうたったことが始まりとされています。

人物紹介　L. アームストロング

　L. アームストロングは、アメリカのジャズトランペット奏者・作曲家・歌手です。1923 年からジャズトランペット奏者として活動を始め、1926 年に録音した「Heebie Jeebies」は、ジャズ史上初のスキャットとして知られています。また、1950 年代に「La Vie en rose」が大ヒットし、特に「Hello, Dolly !」は、ビートルズ (The Beatles) の全米 No.1 の記録をストップさせました。

（5）ドゥ・ワップ

　ドゥ・ワップ (Doo-Wop：英) は、アメリカのポピュラー音楽で用いられる合唱のスタイルです。これは、メロディをうたうリード・ヴォーカルと伴奏をうたうコーラスに分かれて演奏します。そして、メロディに対するカウンター (対旋律) やコール・アンド・レスポンス (メロディに対するかけ声) を多用し、演奏を盛り上げます。また、コーラスは、黒人の若者たちの中に広まり、ストリート文化を形成しました。さらに、大衆音楽といわれるロックンロール (Rock 'n' Roll：英) へ発展していきます。

ちょっといい耳　ドゥ・ワップの先駆者

　ドゥ・ワップの先駆者に、ミルス・ブラザーズ (The Mills Brothers) とインク・スポッツ (The Ink Spots) があります。ミルス・ブラザーズは、J.H. ミルス (John Hutchinson Mills：1882-1967) とその息子たちで結成され、1930 年からニューヨークで数多くのレコーディングを行いました。インク・スポッツは、1935 年にデビューし、バラード・スタイルで人気となりました。

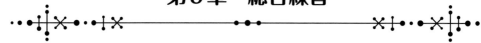

第9章　総合練習

1．ウォーミング・アップ

楽曲を用いた総合練習の前に、声のウォーミング・アップを行います。

（1）ハーモニーの実践 (第6章) を応用して

> **チェックポイント**
>
> ●音が変わるとき、口の形は保てていますか。

> **Variation**
>
> ●母音を変えてうたいましょう。
> ●音を半音ずつ上げたり下げたりしてうたいましょう。

> **ちょっといい耳**　ウォーミング・アップとクーリング・ダウン
>
> 　ウォーミング・アップ (warming-up：英) は、体温を高め、筋肉へ酸素を送り、血流量を増加させます。そして、筋肉の柔軟性を高め、関節の可動域を広げます。
> 　クーリング・ダウン (Cooling-down：英) は、使った筋肉をケアし、疲労の蓄積による筋肉の強張りや固まりを防ぎます。

（2）ロングトーン (第8章) を応用して

> **チェックポイント**
>
> ●発音するとき、舌の先が前歯の付け根にあたっていますか。
> ●ムラなく一定の息を使って、次の音へつながるようにうたえていますか。

> **Variation**
>
> ●子音を「n」に変えてうたいましょう。
> ●音を半音ずつ上げたり下げたりしてうたいましょう。

2．コールユーブンゲン６番（a）　F.ヴュルナー（伴奏：平井康三郎）

Chorübungen Nr.6-(a)：Franz Wüllner / Kozaburo Hirai

４拍子のうたいかたをもとに、長短２度の音程を確認しましょう。

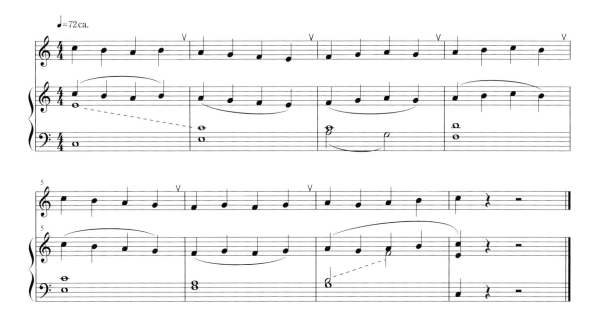

3．コールユーブンゲン９番（a）　F.ヴュルナー（伴奏：平井康三郎）

Chorübungen Nr.9-(a)：Franz Wüllner / Kozaburo Hirai

　２拍子のうたいかたをもとに、長短２度の音程を確認しましょう。また、４分音符と同じ長さをもつ４分休符を感じましょう。

4．コールユーブンゲン 17 番 (c)　F. ヴュルナー（伴奏：平井康三郎）

Chorübungen Nr.17-(c)：Franz Wüllner / Kozaburo Hirai

　3 拍子のうたいかたをもとに、長短 2 度の音程を確認しましょう。また、2 分音符と 4 分休符の長さを感じましょう。

5．コールユーブンゲン 19 番 (a)　F. ヴュルナー（伴奏：平井康三郎）

Chorübungen Nr.19-(a)：Franz Wüllner / Kozaburo Hirai

　2 拍子のうたいかたをもとに、長短 2 度、長短 3 度の音程を確認しましょう。また、2 分音符と 4 分休符の長さを感じましょう。

6. コールユーブンゲン26番 (d)　F.ヴュルナー（伴奏：平井康三郎）

Chorübungen Nr.26-(d)：Franz Wüllner / Kozaburo Hirai

　4拍子のうたいかたをもとに、長短2度、長短3度、完全4度の音程を確認しましょう。また、8分音符と8分休符の長さを感じましょう。

7. コールユーブンゲン28番 (b)　F.ヴュルナー（伴奏：平井康三郎）

Chorübungen Nr.28-(b)：Franz Wüllner / Kozaburo Hirai

　6拍子のうたいかたをもとに、長短2度、長短3度、完全4度の音程を確認しましょう。また、8分音符と4分音符の長さを感じましょう。

8．コールユーブンゲン33番（a）　F.ヴュルナー（伴奏：平井康三郎）

Chorübungen Nr.33-(a)：Franz Wüllner / Kozaburo Hirai

　2拍子のうたいかたをもとに、長短2度、長短3度、完全4度、完全5度の音程を確認しましょう。また、シンコペーションのリズムを感じましょう。

9．コールユーブンゲン37番（a）　F.ヴュルナー（伴奏：平井康三郎）

Chorübungen Nr.37-(a)：Franz Wüllner / Kozaburo Hirai

　2拍子のうたいかたをもとに、長短2度、長短3度、完全4度、完全5度の音程を確認しましょう。また、4分音符と3連符の長さを感じましょう。

10. コールユーブンゲン 31 番（a）　F. ヴュルナー（伴奏：平井康三郎）

Chorübungen Nr.31-(a)：Franz Wüllner / Kozaburo Hirai

　4拍子のうたいかたをもとに、長短2度、長短3度、完全4度、完全5度、減5度の音程を確認しましょう。また、付点4音符と8分音符のリズムを感じましょう。

....

人物紹介　平井康三郎

　平井康三郎（1910-2002）は、高知県出身の作曲家・指揮者です。彼は、蓄音器で音楽を聴きながら、ヴァイオリンを練習したといわれています。そして、東京音楽学校でヴァイオリン、作曲、指揮を学びました。また、東京音楽学校で教鞭をとりながら、文部省の教科書編纂委員として、「とんぼのめがね（額賀誠志 詩）」や「スキー（時雨音羽 詩）」に曲をつけました。

....

11. コールユーブンゲン 39 番（e）　F.ヴュルナー（伴奏：平井康三郎）

Chorübungen Nr.39-(e)：Franz Wüllner / Kozaburo Hirai

　4拍子のうたいかたをもとに、長短2度、長短3度、完全4度、完全5度、短6度の音程を確認しましょう。また、8分音符と16分音符の長さを感じ、アウフタクトのうたいかたを学びましょう。

12. コールユーブンゲン 41 番（a）　F.ヴュルナー（伴奏：平井康三郎）

Chorübungen Nr.41-(a)：Franz Wüllner / Kozaburo Hirai

　2拍子のうたいかたをもとに、長短2度、長短3度、完全4度、完全5度、長短6度の音程を確認しましょう。また、8分音符と16分音符のリズムを感じましょう。

13. コールユーブンゲン 43番（d）　F. ヴュルナー（伴奏：平井康三郎）

Chorübungen Nr.43-(d)：Franz Wüllner / Kozaburo Hirai

　3拍子のうたいかたをもとに、長短2度、長短3度、完全4度、完全5度、長短6度、短7度の音程を確認しましょう。また、3/8拍子のリズムを感じましょう。

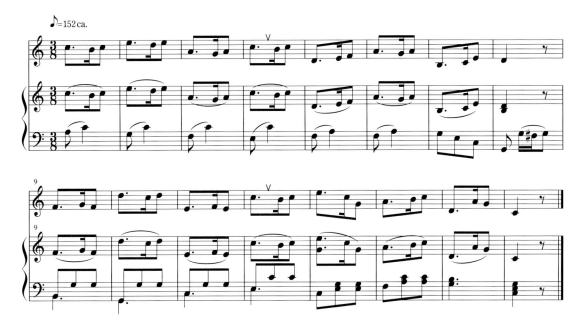

....

（ちょっといい耳）　アーティキュレーション、フレーズ、ストレイン

　アーティキュレーション（articulation：英）は、演奏の中で、音の形を揃え、音と音のつながりに強弱や表情をつけることを指しています。また、スラーやスタッカートの記号をつけ、表現することを指す場合もあります。

　フレーズ（phrase：英）は、いくつかの音符からできている音楽的なまとまりを指しています。そして、演奏する人によって、その解釈は違います。また、楽譜にスラーをつけ、そのまとまりを明確にする場合もあります。

　ストレイン（strain：英）は、メロディをつくる複数のフレーズのつながりを指しています。また、「楽節」をストレインということもあります。

....

（ちょっといい耳）　発音記号

　発音記号は、言葉の発音を確実に表現するための記号を指しています。また、発音符号、発声記号、音標文字ともいいます。これは、外国語を学ぶときに、便利なものとして扱われています。

　日本語でいう「ア」は、次の7種に分類されています。

① 短く「ア」という [ʌ]

②「ア」と「エ」を同時にいう [æ]

③ 口を大きく開けて「アー」という [ɑ:]

④ 唇を横に引き「ア」と「ウ」を同時にいう [ə:]

⑤ 少し広く口を開けて短く「ア」という [ə]

⑥ 口を大きく開けて「アィ」という [ai]

⑦ 口を大きく開けて「アゥ」という [au]

....

14. 50の練習曲1番　G. コンコーネ（木許　隆 編）

50 Leçons de chant, Op.9-1：Giuseppe Concone / Takashi Kimoto

15. 24の易しいヴォカリーズ1番　M.ボルドーニ（木許　隆編）

24 vocalises faciles et progressives no.1：Marco Bordogni / Takashi Kimoto

16. 24の前進的なヴォカリーズ1番　H. パノフカ（木許 隆 編）

24 Progressive Vocalises, Op.85-1：Heinrich Panofka / Takashi Kimoto

17. 24のヴォカリーズ2番　M. マルケージ（木許　隆 編）

24 Vocalises, Op.2：Mathilde Marchesi / Takashi Kimoto

第10章　ソルフェージュに関する音楽用語

1．音楽理論

　音楽理論は、さまざまな音楽における基礎知識や規則などを指しています。そして、演奏する前に、拍子、リズム、音程、和音などについて理解します。また、楽譜に関する専門的な知識を「楽典」といいます。楽典を応用したものが、「和声」、「対位法」、「楽式」などへ発展します。

2．読譜

　読譜は、楽譜を読み、音をイメージした上で、うたったり楽器で演奏したりすることを指しています。楽譜には、まず、拍子や調性、音の高さやリズムが記されています。そして、速度、強弱、奏法、フレーズなど、音に対するニュアンスが記されています。また、演奏するには、それら全ての要素を把握し、再現する技術が必要となります。さらに、楽譜に記すことができなかった音楽的な表現を加えて演奏することによって、「演奏者らしさ」が出ます。

3．初見視唱と初見視奏

　初見は、まず、音を出さずに楽譜を読み、その後、演奏することを指しています。そして、うたうことを「視唱」といい、楽器などで演奏することを「視奏」といいます。また、初見で演奏する場合には、楽譜を先読みしながら演奏することがのぞまれます。そのため、高い演奏技術が必要となります。さらに、短時間で楽譜を理解し、演奏困難となる部分などを把握することも必要となります。

4．聴音

　聴音は、音を聴き取り、楽譜に書き記すことを指しています。一般的な聴音は、ピアノで演奏される音を楽譜に書き記します。また、一声のメロディを聴き取る「旋律聴音」、二声以上のメロディを聴き取る「多声聴音」、和音を聴き取る「和声聴音」、一切、メモを取らずに行う「暗記（記憶）聴音」などがあります。そして、その課題は、調性を指示しているものから無調のものまでさまざまです。

5．聴音分析

　聴音分析は、楽曲の同じ部分を数回聴き、その楽曲の拍子、メロディ、和声進行などを理解することを指しています。そして、音楽の理論を十分に理解していることを前提として、音楽の構造を明確に理解するための手段として用いられています。

6. 音程

音程は、二つの音の距離（隔たり）を指しています。そして、音が順次進行している音程を「旋律的音程」、音が同時に演奏される音程を「和声的音程」といいます。音の高さに距離がない二音（同じ音）を「完全1度」というため、音階で隣り合う二音は「2度」となります。

半音の数

度	減音程	短音程	完全音程	長音程	増音程
1			0		1
2		1		2	
3		3		4	
4			5		6
5	6		7		
6		8		9	
7		10		11	
8			12		

※ この本の特性上、1オクターヴを超える複音程については記載していません。

7. 転回音程

転回音程は、音の高低の関係を置き換えることを指しています。

転回音程の例

8. 全音階的音程と半音階的音程

全音階的音程は、調性の中で二つの音階構成音の距離（隔たり）を指しています。半音階的音程は、音階構成音に臨時記号などをつけて派生させた二つの音の距離を指しています。

9. 和声と即興

和声（harmony：英）は、和音の進行や音のつながりと配置の組合せを指しています。これは、16世紀末頃にヨーロッパで始まった通奏低音の演奏法から、三和音の定義、ローマ数字による和音分析（段階理論）、機能和声理論へと発展しました。また、日本では、明治時代にそれらを折衷させた和声の教育が行われています。

即興（improvisation：英）は、楽譜に頼らず、音楽を作曲したり編曲したりしながら演奏することを指しています。これも、和声と同じように、通奏低音の演奏法から発展しました。また、現在では、造形表現（絵画、彫刻、工芸、デザイン、照明など）、身体表現（舞踊、舞踏など）、言語表現（演劇、朗読、歌唱など）に合わせて付ける音楽も即興として扱われます。

執筆箇所

木許　　隆：第1章、第2章1-5、第3章1、第4章1-3、第5章1、2、4、第6章、第7章、第8章、
　　　　　　第9章2-17（編纂）、第10章、コラム

磯部　澄葉：第5章3

小見山純一：第3章2、4、第9章2-17（編纂）

武田　恵美：第4章4（3）、（4）、（6）、（7）、WORK

長井　典子：第4章4（1）、（2）、（5）、WORK

松川　亜矢：第3章3、5、第9章1、2-17（編纂）

松下　伸也：第2章6

文献一覧

・F. ヴュルナー（著）、信時　潔（訳）『ミュンヘン音楽学校の合唱曲練習書（Chorübungen der Münchener Musikschule）』
　1925, 大阪開成館.

・F. ヴュルナー『標準版 コールユーブンゲン』1956, 全音楽譜出版社.

・平井康三郎『コールユーブンゲン伴奏集』1970, 全音楽譜出版社.

・岩河三郎『楽しい発声のドリル』1982/1995, 正進社.

・柴田南雄、遠山一行（監修）『ニューグローヴ世界音楽大事典』1995, 講談社.

・小林　満ほか『児童教育・幼児教育課程用 声楽指導教本』1997, 教育芸術社.

・泉谷千晶「フランスの「フォルマシオン・ミュジカル」変遷と改革 −1987年以降のソルフェージュ教育の動向−」
　青森明の星短期大学紀要（25）, pp.1-29, 1999, 青森明の星短期大学.

・J. マリオン、美山節子（訳）『はじめての発声法 −基礎を学ぶポイント30−』2003, 音楽之友社.

・B. コナブル、小野ひとみ（訳）『音楽家ならだれでも知っておきたい「呼吸」のこと』2004, 誠信書房.

・Philipp Caffier 、小林 武夫「Hermann Gutzmann が創設したベルリン大学（Charite）の音声言語外来100周年」
　音声言語医学（45-4）, pp.258-261, 2005, 日本音声言語医学会.

・門田幸久「フォルマシオン・ミュジカルの1テキストの内容研究」尚美学園大学芸術情報研究（12）, pp.57-72,
　2007, 尚美学園大学.

・門田幸久「フォルマシオン・ミュジカルの1テキストの内容研究（2）」尚美学園大学芸術情報研究（13）,
　pp.27-45, 2008, 尚美学園大学.

・門田幸久「フォルマシオン・ミュジカルの1テキストの内容研究（3）」尚美学園大学芸術情報研究（14）,
　pp.71-88, 2008, 尚美学園大学.

・岡林典子『乳幼児の音楽的成長の過程 話し言葉・運動動作の発達との関わりを中心に』2010, 風間書房.

・水谷彰良「『イタリアのソルフェージュ』初版（パリ1772年）と初版の異版」音楽研究（22）, pp.59-74, 2010,
　国立音楽大学.

・舟橋三十子「新しいソルフェージュ：フォルマシオン・ミュジカルへの展望」名古屋芸術大学研究紀要〔35〕, pp.297‒311, 2014, 名古屋芸術大学.

・舟橋三十子「新しいソルフェージュ：フォルマシオン・ミュジカルへの展開」名古屋芸術大学研究紀要〔36〕, pp.191‒211, 2015, 名古屋芸術大学.

・渡瀬昌治〔編〕『MY SONG クラス合唱用』2015, 教育芸術社.

・舟橋三十子「新しいソルフェージュ：フォルマシオン・ミュジカルからの発展」名古屋芸術大学研究紀要〔40〕, pp.247‒263, 2019, 名古屋芸術大学.

・Peter Ladefoged, Sandra Ferrari Disner〔著〕、田村幸誠、貞光宮城〔訳〕『母音と子音 －音声学の世界に踏み出そう－』 2021, 開拓社.

出版年不明

・Giuseppe Concone〔著〕、Alberto Randegger〔訳〕『Fifty Lessons for Midium Voice, Op.9』G. Schirmer, New York, Plate 31183, 10366, 10367.

・Giuseppe Concone〔著〕、Franz Alberto〔編〕『50 Leçons de chant, Op.9』Henry Litolff's Verlag, Braunschweig, No.3290‒91.

・Heinrich Panofka〔著〕、J. Rieter-Biedermann〔編〕『24 Progressive Vocalises, Op.85』Leipzig & Winterthur, Plate 91ᵃ.

・Marco Bordogni〔著〕、Ferdinand Gumbert〔編〕『24 vocalises faciles et progressives』Henry Litolff's Verlag, Braunschweig, No.1744.

・Mathilde Marchesi『24 Vocalises, Op.2』G. Schirmer, New York, Plate 12961.

教員養成課程・保育士養成課程のための

うたうソルフェージュ

2024 年 3 月 1 日　初版　第 1 刷発行

監　修	木許　隆
編　著	磯部澄葉　小見山純一　武田恵美　長井典子 松川亜矢　松下伸也
編集協力	杉原綾斗　中野蛍太
発行者	小森順子
発行所	圭文社 〒 112-0013　東京都文京区音羽 1-14-2 TEL：03-6265-0512　FAX：03-6265-0612 http://www.kbunsha.jp/
ＤＴＰ	アトリエ・ベアール
表紙・本文イラスト	manatee
デザイン	モノグラフ　緒方 徹
印刷・製本	日経印刷株式会社